HEURES DE CORSE

JEAN LORRAIN

Heures de Corse

PARIS

BIBLIOTHÈQUE INTERNATIONALE D'ÉDITION

E. SANSOT et Cie

53, Rue Saint-André-des-Arts, 53

—

1905

Tous droits réservés

HEURES DE CORSE

DE MARSEILLE A AJACCIO.

Un Marseille triste et sale sous la pluie, un Marseille terne, dont l'Affaire Dreyfus et les dernières grèves semblent avoir encrassé la claire atmosphère... ; la foire des *Santons*, chère à Paul Arène, y est elle-même en décadence ; à peine compte-t-on, sous les Allées, quatre ou cinq baraques de ces bonnes petites figurines : les dieux s'en vont ; d'affreuses exhibitions les remplacent, de musées anatomiques et de monstres sous-marins, et, sans les aguichantes *Bonbonneries provençales* (on prononce bombe... onneries), on pourrait se croire sur le cours de n'importe quelle ville du Centre.

L'animation, la gaieté, la foule, l'*assent* même n'y sont plus ; aussi est-ce sans regret que je le vois s'enfoncer et décroître à l'arrière du paquebot, ce Marseille de décembre et de déception, qui m'a, cette fois, apparu telle une maîtresse vieillie, avec un visage altéré qu'on ne reconnaît plus ; Marseille que j'ai tant aimé et que je quitte presque avec joie, comme j'ai quitté, il y a trois jours, un Paris de politiciens et d'intrigues, empoisonné par la reprise de l'Affaire.

Quelles émotions me donnera la Corse, la Corse odorante et sauvage, à laquelle je vais demander le repos, la santé et l'oubli ?

« Nous allons danser, cette nuit », a déclaré le commandant du bord ; or, on dit les bateaux de la Compagnie Fraissinet atroces, de vieux bateaux inconfortables et volages qui tiennent mal la mer, et je ne suis pas sans inquiétude : la Méditerranée est, ce soir, particulièrement houleuse, ses lames courtes secouent tout le bâtiment, de l'avant à l'arrière, et, étrangement balancée, la

Ville-de-Bastia remonte et redescend le vallonnement creusé des vagues, dans un glissement effarant de montagne russe ; elle est pourtant suffisamment lestée, aujourd'hui, la *Ville-de-Bastia* : les vacances du Jour de l'An ont bondé troisièmes, secondes et premières de permissionnaires de casernes et de séminaires ; chasseurs alpins, marins de l'État, artilleurs de forteresse, apprentis prêtres, collégiens avec ou sans famille, il y a de tout, ce soir, à bord, et que de bagages ! Avons-nous assez attendu, pour leur embarquement et leur arrimage, dans ce port de la Joliette ! En sortant des jetées, nous n'avions déjà qu'une heure de retard.

Et voilà que la cathédrale, les drisses, les vergues et les cheminées de la Joliette, déjà, nous ne les voyons plus ; la *Bonne Mère* (Notre-Dame-de-la-Garde) seule se profile sur sa côte calcaire, au-dessus du quartier d'Endoum ; sur un ciel de limbes, strié de lueurs et de nuages, les collines de Marseille forment une ligne tragique ; la Méditerranée, d'un bleu vitreux et noir, s'enfle et court, démontée : on dirait du rivage à l'assaut du paquebot; comme ses lames se creusent, précipitées, violentes et courtes ? Nous avons le vent arrière et courons sur les vagues, le mistral nous pousse, mais nous dansons.

Nous faisons mieux que danser, nous roulons et nous tanguons.

Je suis le seul passager demeuré sur la passerelle. Assis sur un banc, le coude à la barre, je me soûle de l'ivresse physique du mouvement et de la vitesse. Comme l'élan vigoureux du bateau se prolonge ! C'est opprimant, écœurant et délicieux, c'est le malaise dans le vide, la griserie d'anesthésie de la ballade de Verlaine : *Tournez, bons chevaux de bois !* La *Ville-de-Bastia* ne chevauche plus la houle, elle se rue à l'assaut des vagues qui l'assiègent, c'est le vertige d'une course à l'abîme... Le vent me fouette, j'ai les mains glacées et les tempes en sueur et le cœur chaviré ; comme flottant avec elle sous les côtes, la tête vide, j'oscille avec la houle, je roule et je plonge, étreint partout d'un horri-

ble délice, qui est, peut-être, le
dilettantisme du mal de mer.

Mais la nuit est venue : un malheureux soldat, qui s'était, jusqu'alors,
obstiné à demeurer sur l'autre banc,
en face, vient de descendre en titu-
bant... Ce chapelet de points de feu,
à l'horizon, au pied d'une barre
d'ombre, ce sont les réverbères du
Prado ; la fumée du paquebot se
déroule, funèbre, et semble s'envo-
ler vers la côte : fuligineuse et noire,
au lieu de diminuer, mes yeux hal-
lucinés la voient s'accroître et gran-
dir, plus dense à mesure qu'elle
gagne l'horizon ; elle y devient des
silhouettes de collines connues, des
aspects de rivage, une Provence de
songe semble surgir de ses volutes.
Le paysage devient fumeux lui-même,
décor de ténèbres et de nuées,
déroulé de la cheminée du paquebot, et créé, tel un mirage, dans la
lividité d'un ciel d'hiver. Tout à
coup, au ras des lames, une grande
masse blême, comme un suaire tendu
sur un énorme écueil ; la mer est
couleur d'encre, le récif d'une
pâleur funéraire ; j'ai la sensation que

nous passons tout près, nous sommes loin, pourtant, de l'île de Maïre.

Ici, l'angoisse du vertige devient si atroce que je me lève, et, chancelant, me retenant aux bancs et aux rampes pour ne pas tomber, je gagne l'escalier et me décide à descendre... Dans le salon des premières, les lampes oscillent, balancées odieusement, des femmes gisent, en tas, sur les banquettes, et l'on met le couvert !! Encore un effort, je trouve un escalier, je demande ma cabine, le numéro 18 ! Un garçon de service me reçoit, me guide, me soutient et m'étend, tout habillé, sur une couchette ; il me cale avec des oreillers, me borde comme un enfant, car nous roulons de plus en plus ; oui, nous roulons et nous tanguons... O le vide de ma pauvre tête, mes yeux que je ne puis plus ouvrir, et l'affre de ce cœur, on dirait décroché qui va et vient, et suit le roulis du bateau, ce balancier fou que j'ai là dans la poitrine, ce cœur endolori qui se heurte et se froisse partout aux parois de mes côtes !

On ne m'avait pas menti : ces bateaux de la Compagnie Fraissinet sont horribles, et je n'en suis pas à ma première traversée ! Que d'hivers déjà passés en Algérie, à Tripoli et à Tunis ; je ne compte plus mes escales à Malte, à Naples et à Palerme, mes retours de Syracuse, par Livourne et Gênes, mes départs pour Oran, par Barcelone et Carthagène ! Et je n'ai jamais eu le mal de mer.

Je l'ai cette fois. Ces vertiges de l'estomac et des méninges, cette anémie cérébrale, c'est la naupathie. On pourrait me dire que le bateau sombre, je ne bougerais pas. Je demeure là, inerte, comme une chose morte, accablé, incapable d'un mouvement, une main passée dans la courroie d'une ceinture de sauvetage, pendue au-dessus de ma tête, pour me retenir et ne pas être projeté hors de ma couchette, car nous roulons de plus en plus. Des crissements de gravier qu'on écrase crépitent, on dirait sur le pont... c'est le cri de l'hélice, tournant hors de l'eau, tant le bâtiment se penche,

sous le choc des vagues ; les marins
appellent cela la *casserole* ; et des
paquets de mer foncent sur mon
hublot.

O douce nuit du 31 décembre !

Est-ce que je dors ? Des visions
baroques, des masques et des grima-
ces traversent mon sommeil. Ce sont
des insectes géants, des hannetons
de grandeur humaine, avec des nez
humains, chaussés de bésicles énormes, des scarabées aux yeux en lan-
ternes de fiacre, car j'en lis les
numéros, et des coléoptères, sanglés
dans d'immenses élytres de carton
verni ; ils sont repoussants et grotes-
ques ; et je reconnais le défilé du
Châtelet et les costumes de Landolff ;
un travesti aussi me hante : une
espèce de prince Charmant, au profil bouffi et vieillot, que je ne reconnais pas. Je vois aussi Mme Ratazzi,
penchée sur ma couchette, et, cari-
catural, M. Émile Zola, et puis
Joseph Reinach, et jusqu'au général
André, en silhouettes aggravées par
le crayon de Forain. C'est Paris qui
me poursuit ; Paris ne me lâche pas ;
Paris, que je fuis, s'attache à ma

fuite et penche sur mon oreiller de patient d'effroyables faces de mauvais rêve... *OEgri somnia.*

Le bateau s'arrête... Stoppés, la houle nous secoue encore davantage; la souffrance, intolérable, m'éveille tout à fait, m'arrache aux coquecigrues de mon demi-sommeil ; une aube d'hiver blêmit mon hublot, c'est le petit jour. « Sommes-nous arrivés ? Qu'y a-t-il ? » — « Rien, un accident à la machine », me répond le garçon de service, « nous arriverons dans deux heures ; le temps de réparer l'avarie, nous sommes en vue des côtes ; mais la mer est mauvaise, Monsieur est fatigué, que Monsieur tâche de se rendormir ! » Deux heures ! rien que trois heures de retard ! Me rendormir! Le moyen, avec ce sacré tangage, compliqué de roulis, qui me ballotte et me soulève l'estomac vide à hauteur des lèvres ! Je suis anéanti, comme roué de coups, endolori, rompu ! Je tente de déboutonner mon faux-col qui m'étrangle... car je me suis couché tout habillé, avec mon foulard et mon pardessus... je ne puis.

« Dans deux heures », a dit ce garçon ; « nous sommes en vue des côtes ; le temps de réparer l'avarie. »

Ce garçon a menti, il n'y a pas d'accident de machine : nous sommes aux Sanguinaires, aux îles qui ferment la baie d'Ajaccio, et, si nous stoppons ainsi dans la houle, c'est pour tenter le sauvetage d'un passager qui vient de se jeter à la mer, un Allemand, qui, à la vue des côtes, a demandé : « Est-ce là Ajaccio ? » et, sur le *oui* d'un matelot, s'est penché par-dessus bord et s'est précipité dans le flot ; mais, ce suicide, on le cache aux autres passagers, et je ne l'apprendrai que dans la journée, à terre, de la bouche même de mon médecin.

Nous ne stoppons plus, la *Ville-de-Bastia* s'est remise en marche, nous ne roulons même plus : un calme délicieux, imprévu, a succédé presque instantanément aux balancements écœurants de la houle, aux saccades arrachantes du tangage ; nous voguons comme sur un lac, nous venons de quitter la haute mer pour entrer dans la baie d'Ajaccio ;

on n'a pas repêché le suicidé, pas même son cadavre.

Pauvre mort inconnu dont l'âme, déjà évadée, s'est débattue toute cette nuit au seuil du mystère, dans l'angoisse de la détermination suprême à prendre ! Pendant que je râlais bêtement dans les affres du mal de mer, lui, c'est le mal de la terre, la misère de vivre, qui l'a poussé violemment dans l'au-delà et l'infini ! Quelle douleur irréparable, quelle déception ou quelle détresse d'âme, ou seulement quel ennui a tenu, toute cette nuit du 31 décembre, cet homme penché sur cette mer d'hiver, le coude au bastingage? Et, au lever de l'aube, devant les crêtes de l'île émergeant de l'ombre, il a salué la Vie et s'est délivré dans la Mort !

Adieu, ma vie !

Ajaccio ! Ajaccio ! Cette fois, nous arrivons ! Subitement guéri, je saute à bas de ma couchette, gagne l'escalier et monte sur le pont ; l'air vif me ranime. Ajaccio, c'est une muraille de hautes montagnes, d'arabesques violentes de granit, dominée par des neiges, on dirait éternelles ; la silhouette de la Corse, ainsi apparue dans le soleil levant, est hautaine et sombre : c'est comme la proue immobile et géante d'un monumental vaisseau de granit ; mais, au-dessus des premiers contreforts, les cimes du Monte d'Oro et de l'Incudine resplendissent, éblouissantes ; une lumière d'Afrique les embrase, et, sous le vif argent de leurs neiges incendiées, les collines descendent, délicieusement bleutées, estompées de forêts de sapins, avec de grands pans d'ombre et de reliefs, tout en clartés violettes, et cela jusqu'au golfe d'un bleu léger de soie ; et rivages et montagnes semblent peints sur velours !

Comme un écran de nacre incandescente, le Monte d'Oro et les sommets de l'Incudine dominent et emplissent tout le fond de la baie du pétillement givré et de l'éclat de leurs crêtes. Et dire que c'est du pied de ces montagnes que s'est élancé le vol énorme et formidable de l'Aigle impérial !

√La maison de Napoléone ! C'est

elle que je demande et que je cher-
che; je sais qu'on la découvre une
des premières de la rade; elle forme
un des angles du port: ces volets
verts, c'est elle! mais plus que sa
façade blanchâtre un détail, aperçu
le long de la côte, m'inquiète et me
frappe... Toute la côte que nous
longeons est bordée de tombeaux,
mausolées et sépultures particulières;
ils forment le long de la mer comme
une voie Appienne, puis, ombragé
de palmiers, hérissé de cactus, voici
le cimetière ; les grands hôtels, les
villas d'hiverneurs s'étagent tout
de suite après; c'est avant le vieil
Ajaccio, embusqué derrière son
môle et comme en retrait en arrière
de la maison de Napoléone, la ville
élégante et funèbre des convales-
cences et des tuberculoses, la cité
nécropole des Anglais et des poitrinaires. Menton, Corse, les tombes
annoncent et gardent Ajaccio, et
dans la pure et transparente lumière
d'Afrique la première chose qui
vous salue et vous souhaite la bien -
venue au seuil du pays de Bonaparte, c'est, symbole on dirait de sa

ruée à travers le Monde, un petit cimetière de petite ville italienne et des tombes égrenées le long d'une route marine: présage consolant de repos et d'oubli dans la Paix de la Mort.

« Et quand j'aurai été voir le bateau ! Avec celui de Bône, mettons trois buts de flânerie par semaine ! Les quais, je l'avoue, s'animent un peu ces jours-là, et tout Ajaccio y afflue, depuis les officiers de la garnison jusqu'aux commissionnaires de la gare, pour voir débarquer la jolie étrangère qui n'arrive jamais ; car j'en suis là : je n'ai pas encore rencontré par vos rues une femme digne d'être suivie. Quelle distraction m'offrirez-vous ?

« Les excursions, il n'y faut pas songer. La neige tient la montagne ; à cinq cents mètres de hauteur tout est blanc, le fond du golfe a l'air d'une vallée de l'Engadine, et tenter la traditionnelle promenade du Salario, au-dessus de la ville, c'est risquer la bronchite ; quant à la *Punta di Pozzo di Borgo*, les quintes me prennent en y pensant : il y gèle...

Les autres années, un service de bateaux permettait des excursions en mer, on pouvait, en traversant le golfe, prendre des bains d'air salé et de soleil ; les plages de l'Isolella, de Porticio et de Chiavari, de l'autre côté de la baie, formaient autant de havres et d'escales. Cet hiver, l'unique bateau qui faisait le service est en réparation à Marseille, et, pour aller à Chiavari visiter le pénitencier arabe, il faut six heures de voiture, c'est-à-dire partir à l'aube et rentrer le soir, dans l'air glacé de la nuit.

« Ah ! le pays est tout à fait gai et je vous rends grâces de m'y avoir fait venir. Je ne vous parle pas des soirées : il est convenu qu'un malade doit se coucher à neuf heures ; mais, le jour, que diable voulez-vous que je fasse de mes journées ? Réglez-moi l'emploi de mes heures. Vous ne me voyez pas faisant des visites au préfet ! Me voyez-vous jouant au tennis avec la colonie étrangère et ramassant la balle de miss Arabella Smithson, la jeune Écossaise phtisique, ou portant la

raquette de Mme Edwige Stropfer,
la maîtresse de la pension suisse,
qui flirte, paraît-il, avec un cocher
indigène et ne dédaigne pas les
pêcheurs ! Terribles, ces glaciers de
l'Oberland, ils deviennent volcans
sur leurs vieux jours. Vous ne m'évo-
quez pas davantage me balançant à
vie dans un roking-chair, enveloppé de tartans et coiffé de four-
rure, comme les Anglais vannés et
les Allemands goutteux de cet hôtel ;
le jardin en est splendide, je vous
l'accorde : palmiers, cédratiers, mimosas et agaves avec panorama unique,
la mer au fond, la ville à gauche et
le cimetière à droite, à deux pas. On
y est porté de suite, mais j'ai peu de
goût pour les maisons de santé, et
si soleilleux que soit le site, je n'em-
plirai pas de ma toux ce jardin d'hô-
pital.. car votre hôtel est un hôpi-
tal, service de premier ordre, mais
les couloirs fleurent la créosote et
les chambres embaument le phénol.
Chaque pensionnaire, à chaque
repas, prend ses deux perles livo-
niennes.

« Ah ! docteur, vous saviez ce que

vous faisiez en me mettant ici ! Vous
faites d'une pierre deux coups, chaque fois que vous me rendez visite !
Je fais partie de votre tournée du
matin. Tout cela, je vous le pardonne
et même la nourriture fade et les
viandes éternellement bouillies, mal
déguisées de sauces rousses, et l'unique dessert : noix, figues, mandarines et raisins secs, que je chipote
en cet hôtel. Ce régime m'a rendu
l'appétit. Je meurs de faim et mes
fringales m'ont fait découvrir cette
bonne Mme Mille, cette exquise et
chère Mme Mille, l'aimable pâtis-
sière du cours Napoléon, ronde, par-
lante et si accorte, qui confectionne
de si succulentes terrines de merles
et de si friandes compotes de cédrat.

« Et sa liqueur de myrte ! A s'en
sucer les dents, à s'en lécher les
lèvres ! Je vous pardonne tout en
faveur de cette fine liqueur ; mais de
grâce, docteur, employez-moi mon
temps, fixez-moi un horaire. »

Et le docteur, tout en caressant
d'une main... perplexe la soie brune
et brillante d'une barbe soignée
(toute une attitude, mieux qu'une

attitude, un poème et une séduction
la main longue et baguée du docteur
dans les poils frisés et luisants de
cette barbe, et quelle indécision dans
le geste dont il la lissait), et le docteur donc, tout en caressant le flo-
connement parfumé de son menton :
« Nous avons un mois de janvier
imprévu, tout à fait déroutant, cet
hiver. Songez qu'il neige à Marseille.
Avez-vous vu le départ des diligences cours Napoléon, tous les matins,
à onze heures ? très curieux, très
pittoresque. Vous verrez là de vrais
Corses.

« En costume national, en velours
côtelé et à grandes barbes blanches,
le type Bellacoscia qui tint pendant
trente-deux ans le maquis, toutes
les *cartolina posta* l'ont reproduit ;
j'en achète une tous les matins au
portier de l'hôtel pour l'envoyer à
une petite amie de France : elles
croient, les chères créatures, que je
suis en péril et frissonnent délicieusement. » — « Le type Bellacoscia,
il ne faut pas me la faire, Mme Mille
m'a confié qu'on les costumait ainsi
à la Préfecture, ceci correspondant

aux goûts des hiverneurs étrangers.
Je n'irai donc pas voir partir vos
diligences, je connais celles d'Algérie, elles sont construites sur le
même modèle... les vôtres sont
encore plus incommodes et plus petites avec leurs panneaux peints en
vert et en rouge sombre ; on dirait
des fournées de camerera mayor à
voir toutes les voyageuses en deuil...
Et dire que Bonaparte prit un de
ces courriers pour gagner Bastia par
Vizzavona et Corte, quand il partit
pour Brienne... Je connais le cou-
plet... Il y a aussi le pèlerinage à la
Maison Bonaparte et la visite au
musée avec les souvenirs de Napoléon ; mais je n'ai pas tous les jours
l'âme de Jean de Mitty.

L'Angleterre prit l'aigle et l'Autriche l'ai-
[glon.

« Le succès de M. Rostand nous
a un peu blasés, nous autres continentaux, sur l'épopée du géant his-
torique. Je m'étonne que vous ne
m'ayez pas encore proposé d'aller à
la gare assister à l'arrivée des trains;
les montagnards en vendetta, le fusil

sur l'épaule, à peine sur le quai, commençant par décharger leur arme, le port de l'escopette chargée étant interdit en ville, ces petites formalités locales organisent parfois des feux de peloton intéressants entre deux trains ; mais, que voulez-vous ? tout cela me laisse froid. J'ai trop roulé de par le monde : mes souvenirs de Sicile me défendent contre la Corse et le pittoresque me trouve récalcitrant.

« Bon ! voilà le soleil qui nous quitte !... Adieu, lumière d'Afrique ; regardez-moi la mélancolie de la baie dans cette brume : tout le paysage est d'un bleu triste et atténué d'ardoise ; sont-elles assez d'exil, ces montagnes à la plombagine ? »

Le docteur, navré, ne disait plus rien : le nez sur son assiette, il mangeait, doucement résigné à mes doléances et au menu de l'hôtel ; nous achevions de déjeuner dans la lumière tamisée de stores d'une grande galerie vitrée, réfugiés là, dans le prudent effroi de la table d'hôte ; nous étions, d'ailleurs, les derniers demeurés à table, les autres déjeuneurs déjà répandus dans le jardin et lézardant au soleil, dans un engoncement de plaids, de châles et de pèlerines comme seuls Anglais et Allemands en promènent à travers le monde ; *phtisies d'outre-Rhin et spleens d'outre-Manche* voisinaient là, à l'ombre grêle et bleue des palmiers ; l'or en boule des mimosas et les thyrses ensanglantés des cactus à fleurs rouges préparaient en décor l'azur adouci des montagnes et du golfe ; c'était la mélancolie atténuée, le charme ouaté d'un paysage pour poitrinaires et globe-trotters, exténués de civilisations, venant s'échouer dans un havre d'exil et de somnolente agonie entre les oliviers, les chênes verts et la mer.

A ce moment, le soleil reparu fit étinceler la neige des cimes, le golfe étala et, du même coup, accusa cruellement la bile et la chlorose des teints, la lassitude des yeux et des sourires, en même temps que la veulerie éreintée des visages ; les promeneuses du jardin apparurent avachies et vannées, comme autant de vieux sacs de nuit fatigués.

Qu'étais-je venu faire dans cette remise pour très anciens objets de voyage ? Je sentais en moi la montée d'une sourde rancune, un vent d'injustice me soulevait contre le docteur, en même temps que commençait à peser un pénible silence.

Tout à coup, la porte vitrée de la table d'hôte s'ouvrit toute grande... et géant, avec sa forte carrure, son estomac bombé et sa face lourde, aux bajoues tombantes, Il apparut, car c'était Lui, à ne pouvoir s'y méprendre : c'étaient ses grands yeux à fleur de tête et leurs paupières pesantes, c'était son profil régulier, ses lèvres épaisses et son menton gras de jouisseur, toute cette face de médaille d'Augustule de la décadence, rachetée par la grâce du sourire et la grande beauté du regard, car il avait aussi de Lui les prunelles limpides et pensives, la démarche lente, et jusqu'à la fleur rare à la boutonnière ; c'était Lui, mais rajeuni de vingt ans, Lui dans tout l'éclat de ses triomphes de poète et d'auteur, le Lui choyé, adulé, courtisé, que se disputaient à coups de dollars Londres et New-

York ; et, comme je le savais mort, et dans quelle misère et quel abandon ! le double mystérieux du portrait de Dorian Gray s'imposait, impérieux, à mon souvenir : je risquai l'impolitesse de me retourner brusquement sur ma chaise, pour suivre plus longtemps des yeux l'effarante ressemblance : elle était frappante ; Sosie n'était pas plus Sosie ; une jeune femme accompagnait le faux Oscar, élégante, et, comme son compagnon d'Agence Cook d'Outre-Manche, des cheveux blonds et lisses, aux longs pieds solides, aux chaussures sans talons.

« Le portrait de Dorian Gray, pensait mon docteur à voix haute, nous avons pensé ensemble. — A croire à un revenant, n'est-ce pas ? Quelle histoire d'outre-tombe on pourrait écrire sur cette ressemblance *goblin-story*, comme ils disent à Londres, le beau sujet de *Christmas-tale*. J'aurais rencontré cet Anglais à bord, dans la nuit du 31 décembre, que j'aurais cru à un intersigne... Vous voyez-vous la nuit, sur le pont d'un paquebot, en

pleine mer remu^use et sinistre et,
tout à coup, ce faux Oscar apparais-
sant... — Brr, jour des Morts en
mer. C'est un accident de race,
d'étranges analogies peuvent y fleu-
rir ; en tous cas, bien gênante pour
cet Anglais, cette fatale ressemblance.
— Oui, on peut le croire ressuscité.
Savez-vous que vous tenez mal vos
promesses, homme de peu de parole
que vous êtes. Cette histoire du
Christ et de Lazare de ce pauvre
Wilde que vous avez annoncée à son
de trompe, vous nous la devez toujours, vous savez. — Soit, je vous la
dirai donc, car elle est pleine de
mélancolie et cadre bien avec ce
golfe et ce décor ensoleillé d'hiver ;
mais je n'aurai pour vous la conter
ni la lenteur voulue de sa diction
modulée et précieuse, ni le souligne-
ment définitif de son geste ; d'ailleurs, c'est avec une légère variante
le texte même de l'Évangile. Donc
Lazare était mort, descendu au tombeau, et sur la route de Béthanie,
Marthe venue à la rencontre de
Jésus, lui avait dit en pleurant :
« Seigneur, si vous eussiez été ici,

mon frère ne serait pas mort ! » Et une fois arrivé dans la maison des deux sœurs, Marie s'était jetée aux pieds de Jésus et lui avait dit, elle aussi : « Seigneur, si vous aviez été ici, mon frère ne serait pas mort ! » Et Jésus voyant qu'elle pleurait et que les Juifs venus avec elle pleuraient aussi, frémit en son esprit et se troubla lui-même ; puis il dit : « Où l'avez-vous mis ? » Ils lui répondirent : « Seigneur, venez et voyez ! » Alors Jésus pleura et les Juifs dirent entre eux : « Voyez comme il l'aimait ! » Mais il y en eut quelques-uns qui dirent : « Ne pouvait-il empêcher qu'il ne mourût! » Et Jésus frémissant alla au tombeau. C'était une grotte et elle était fermée d'une pierre qu'on y avait placée. Jésus dit : « Otez la pierre ! » Marthe, sœur de celui qui était mort, dit alors : « Seigneur, il sent déjà mauvais, car il est mort depuis quatre jours. » Mais Jésus lui répondit : « Ne vous ai-je pas promis que si vous aviez la foi, vous verriez la gloire de Dieu ! » Ils otèrent donc la pierre, et Jésus levant les yeux au ciel, se mit en prière et puis, ayant prié, il s'approcha de la grotte et cria d'une voix forte : « Lazare, sortez ! » Et soudain celui qui était mort se leva, ayant les mains et les pieds liés de bandes et le visage enveloppé d'un linge, et Jésus leur dit : « Déliez-le et laissez-le marcher ! »

« Mais (ici commence la variante du poète) Lazare ressuscité demeurait triste ; au lieu de tomber aux pieds de Jésus, il se tenait à l'écart avec un air de reproche et, Jésus s'étant avancé vers lui : « Pourquoi m'as-tu menti, lui dit Lazare, pourquoi mens-tu encore en leur parlant du ciel et de la gloire de Dieu ? Il n'y a rien dans la mort, rien, et celui qui est mort est bien mort ; je le sais, moi qui reviens de là-bas ! » Et Jésus, un doigt sur sa bouche et avec un regard implorant vers Lazare, répondit : Je le sais, ne leur dis pas ! »

Nous revenons de *Scudo, le Scudo,*
l'Écu, le Bouclier, la villa que les
Pozzo di Borgo possèdent au bord de
la mer, sur la route des *Sangui-*
naires.

Cette route des *Sanguinaires* est
la promenade adoptée par la population d'Ajaccio ; elle commence au
Diamant, la grande place en esplanade sur la baie, le *forum* de la ville,
et longe toute la rive nord du golfe
jusqu'à la Pointe de la Parata et sa
tour génoise en sentinelle on dirait
sur le large : le granit rouge des
Sanguinaires émerge, ensanglanté et
fantasque, à quelques centaines de
mètres plus loin.

Cette route des *Sanguinaires,*
c'est à la fois la promenade des
Anglais et la corniche d'Ajaccio ; de
sa chaussée bordée d'agaves, on
découvre avec tout le bleu du golfe
et les toits de la ville, les cimes nei-

geuses du Monte d'Oro ; en semaine, les voitures de place y promènent les touristes anglais et les continentaux de passage ; le dimanche, les Ajacciens y musent lentement et gravement au soleil ; quelques guinguettes y retiennent les matelots attablés devant une fiasque de Porticcio ou d'autre vin du pays et tous les jours de l'année on y rencontre des corbillards : tassés debout dans la légendaire charrette des enterrements corses, des indigènes en deuil suivent, amis et parents du mort ; car cette route des *Sanguinaires* est aussi la route du cimetière. Ajaccio ensevelit ses morts au soleil, et les fait bénir par la vague, dans la verdure éternelle des lauriers roses et des genévriers : cette espèce de voie Appienne, que j'apercevais de la rade, le matin de mon arrivée, toute bordée de mausolées, de chapelles et de monuments funéraires, est justement cette route des *Sanguinaires* où nous roulons aujourd'hui.

Mais nous ne venons que du *Scudo*, espèce de villa Pamphili au jardin à l'abandon ouvert le dimanche

au public, jardin d'Italie à la végé-
tation d'Afrique, d'une mélancolie si
particulière sous les ciels lumineusement froids des janviers d'ici ; des
aloès monstrueux y dardent leurs
yatagans d'un vert glauque et mar-
bré à côté de fusains, de pâles lentisques, et de myrtes bleutés ; voici
aussi des lièges, des cyprès, des éra-
bles et de blancs peupliers de Florence et sur le bleu du golfe, enfermé
comme un lac dans son cercle de
montagnes, toutes ces verdures éternelles, à peine émues d'une saute de
vent, sont d'une dureté sévère et
triste, oh ! si triste !

> La plainte des palombes
> Dans les micocouliers !

Ne faudrait-il venir ici qu'en
avril? Ce jardin de cyprès et d'ar-
bustes bleuâtres est figé de silence :
derrière nous le manteau mouvant
du maquis ondulé à l'infini au versant
des collines, le large s'ouvre à l'horizon.

Ces Pozzo di Borgo, dont nous
venons de parcourir la villa, sont la
grande famille corse ennemie des

Bonaparte, *la gens Corsica* depuis des siècles en rivalité avec la race de Napoléon. Par haine du petit lieutenant ajaccien, devenu le grand empereur, un Pozzo di Borgo se fit l'ambassadeur à Pétersbourg d'Alexandre Ier et de connivence avec Metternich, traqua l'aigle harassé de tant de victoires et démolit l'œuvre impériale au fameux traité de Vérone ; celui-là, le diplomate, et le tortueux briseur d'aigles de l'épopée, c'est la gloire de la famille.

Le château de la *Punta di Borgo*, qui domine Ajaccio et qu'on cite comme une des merveilles de l'île, a été construit en partie avec des débris entiers des Tuileries reconstituées ; le portrait en pied du grand ancêtre, de l'ambassadeur du tsar, y trône en pleine salle d'honneur, écrasant de son importance et du faste de son cadre un tout petit portrait du premier Consul, mis à côté comme par hasard, et ne le diminue pas dans l'histoire.

Sur la route, au retour, nous croisons des Corses vêtus de velours de chasse et des femmes enlinceulées de noir, le deuil éternel que portent ici toutes les femmes du peuple... Peuple fier où le deuil des morts se prolonge durant dix années, à quelque degré de parenté que l'on soit, peuple qui se souvient du bienfait comme de l'injure, peuple qui n'oublie pas, peuple qui ne mendie pas ! Et à notre gauche s'échelonnent des mausolées et sur notre droite défile, silhouettée en noir sur le bleu du golfe, toute une procession d'ombres, tombes et deuil ! Et cette route s'appelle la route des Sanguinaires ; au loin les montagnes s'estompent violettes, éclaboussées çà et là d'un reflet de neige ; une cime plus haute apparue tout à coup d'acier pâle, en coup de dague, dans l'air calme et c'est, nous dit-on qu'il a neigé la nuit dernière ou à Focé ou à Bastelica.

Quelle mélancolie et qu'on est loin ici de Paris et de France !

D'ailleurs, l'air fraîchit, c'est le crépuscule : le paysage en décor, miraculeusement éclairé prend des tons lumineusement doux de peinture sur soie ; la lumière, c'est toute la magie de la Corse.

Des rumeurs d'enfants annoncent la ville. Un peu avant les premières villas, tout un séminaire en promenade s'est abattu sur les récifs à fleur d'eau du rivage, la route et le granit sont tout noirs de soutanes ; tassées, par groupes, ces faces glabres, ces robes de deuil font autant de taches d'encre sur la montagne et sur la vague et sur l'écueil : ce sont les cent quatre apprentis curés de Monseigneur, les cent quatre, comme on les appelle ici.

Comme un vol de « corbeaux » hors du
[charnier natal !

Et c'est un vers de Jose-Maria de Heredia qui me situe le détail sinistre du paysage .

Les quais de Marseille, cosmopolites, commerçants, laborieux et flâneurs, remuent dans du bruit, du mouvement et du soleil ; ils odorent la force, l'absinthe et la limonade, la sueur et le goudron, l'olive et le musc ; ils bercent du rêve, charrient de l'aventure, du rire et des larmes, invitent à partir, et dans du drame et de la gaieté et de la couleur poudroient, flamboient et tapagent : Marseille, porte de l'Orient et de l'Ailleurs.

Les quais d'Alger, bastionnés en haute terrasse au-dessus du va-et-vient des paquebots, arrivées et départs, déroulent de somptueuses façades de Compagnies financières et maritimes et de grands hôtels : l'indolence hallucinée des indigènes s'y accoude, indifférente au *shopping* des Lubin et des Cooks en excursion par la ville, le songe opiacé des burnous

y somnole entre la hâte des colons
espagnols et la mollesse étalée sur
leur siège, une fleur à la bouche, des
voituriers maltais et siciliens. Les
quais d'Alger, du square Bresson à
la place du Gouvernement, c'est
l'élégance d'une ville arabe haussma-
nisée et devenue station d'hiver : les
monts de Kabylie forment le décor
et les uniformes de la garnison la
figuration ; les Transatlantiques, trois
fois par semaine, animent la rade et
la lumière éblouissante, invraisem-
blable, est, elle-même, de théâtre...
Alger sent la jonquille, le narcisse et
le suint.

Les quais de Naples sordides, écla-
tants, grouillants de loques et de
vermine, criblés de poux, de lumière,
et splendides, chantent la crasse et
la douceur de vivre ; ils chantent
dans le bleu de la baie et dans le
bleu du ciel, et, déjà brûlants de toutes les ardeurs de l'ancienne Campa-
nie, ils se chauffent au Vésuve et se
chauffent au soleil ; ils embaument la
paresse et la prostitution ; l'écorce
d'orange et les amours faciles ; c'est
le bouge en plein air qui lézarde et

fleurit entre l'embrun du large et les affreux relents des *fritterias* du port.

Le château de l'Œuf y fleure le coquillage, les femmes, la marée et les bouquets de fraisier offerts par les ruffians, le parmezan et la semence humaine, les arabesques mauves posées à l'horizon incantent l'atmosphère avec des noms magiques : Castellamare, Sorrente, Capri ; la chanson des Sirènes est demeurée en écho dans tous les creux des roches, ce faubourg populeux s'appelle Portici et cette colline en face, de l'autre côté du golfe, a nom le Pausilippe.

Mais l'enchantement, ce sont les quais de Palerme : dans le grandiose d'un Versailles sicilien, flanqués d'arcs de triomphe, de palais et de statues, étagés en terrasses, en escaliers princiers, arrosés de jets d'eau, ombragés de jardins, ils se composent comme une toile de Vernet, en fastueux décor de roches et d'architectures héroïques. Le mont Pellegrino avance sur l'horizon l'éperon fabuleux de son promontoire, le golfe tout de clarté limpide s'appelle la *Concha d'Oro ;* le jour, des gamins demi-nus s'y poursuivent à coups de mandarines, la nuit, sous des lunes si intenses qu'on les dirait électriques, des pêcheurs, un fanal à l'avant de leur barque, y pêchent au trident : les quais de Palerme sont une apothéose, une apothéose mythologique conçue dans le goût du Grand Siècle. Les quais d'Ajaccio, ensoleillés et tristes, rêvent dans l'abandon d'un petit port italien, sans mouvement et sans transit ; gardés à l'Ouest par la jetée de la citadelle, dont les hauts contreforts protègent les mouillages de la ville et des Capucins, bornés à l'Est par le môle de Margonajo, qui abrite le mouillage de Cannes, où remisent les torpilleurs, ils s'étendent, ces quais déserts et vides, devant l'azur uni d'une baie fermée comme un lac ; les cimes neigeuses debout sur l'autre rive, complètent l'illusion : c'est l'horizon des moraines et des glaciers d'un lac de la Haute-Italie, Côme ou Lugano : la Méditerranée en a le bleu profond et délicat. Pas un bâtiment de commerce, le port est vide... ni vergues, ni mâtures ; absent, le fourmille-

ment de drisses et de cordages qui,
vu de terre, invite l'âme des nos-
talgiques à l'embarquement pour ailleurs. Parfois, au loin, très loin, une
voile de bateau de pêche ou, rapide
et fin comme un trait de plume sur
la vague, un torpilleur en exercice,
manœuvrant dans la rade ; à l'abri
des jetées, dorment des barques de
pêcheurs. Les maisons, très hautes,
très italiennes, blanchâtres, à persiennes vertes, font face à la mer ;
d'autres s'étagent au-dessus, déjà
lézardées et lépreuses, maisons de la
vieille ville, dénonçant leur misère
par les loques pendues aux fenêtres :
au rez-de-chaussée, ni bars, ni bou-
tiques, ni guinguettes. Ici, tout commerce est mort : le Corse, son fusil
sur l'épaule, regarde et attend.

Contre la Douane, accagnardés
au soleil, des indigènes tressent des
nasses, contemplés en silence par
des gamins pensifs ; assis, pieds nus,
sur les dalles tièdes, des pêcheurs
raccommodent des filets : leur orteil
et leur second doigt de pied, souples
comme des doigts de main, en
retiennent les mailles ; la faction

indolente des douaniers arpente le quai, sans conviction, inconsciemment.

Passé les bains, édifiés par Napoléon, des femmes, accroupies au bord du rivage, battent la lessive dans l'eau du golfe et rincent un linge qui fleurera le sel ; çà et là, des groupes de flâneurs, l'air de nervi de Marseille, font cercle autour du jeu des trois cartes du bonneteur. La race, ici, est bien latine : le Corse est né joueur, il joue au café le long des journées, il y joue le soir, il joue au cercle, à la buvette, il joue sur l'esplanade de la citadelle et sur les quais du port, dedans et dehors, à la chandelle et en plein air.

Et la nuit, dans la limpidité de vastes ciels lunaires, devant la solitude des neiges immobiles et des nuées vagabondes, chimérique horizon de nacres et de givres, les quais d'Ajaccio sont plus déserts encore : leur somnolence ensoleillée, le jour, s'aggrave alors du froid et du silence de la montagne.

Vivre dans la montagne, c'est

vivre dans la mort ! Personne !... A peine si quelque lamento grince et se plaint, gratté sur une guitare, dans quelque bar aux volets clos ; aucune lumière ne dénonce l'endroit où l'on chante ; dans la vieille ville, on ne sait d'où, à quel étage de quelle maison, des jeunes gens indigènes valsent entre eux, aux sons aigres de l'accordéon.

Et je songe à la détresse du héros d'Alphonse Daudet, du mari divorcé de *Rose et Ninette*, rôdant, la nuit, sous la pluie et la neige d'un Ajaccio d'hiver... Oh ! sa fuite éperdue devant les paquets de mer inondant la chaussée du quai Napoléon, et le gouffre d'écume du golfe démonté, que bat la tramontane !

O longues soirées d'exil, nuits d'Ajaccio l'hiver !

Napoleonis civitas ! Et, comme une épitaphe funéraire, l'inscription s'étale gravée en lettres d'or sur une plaque de marbre rouge, dans cette salle à manger d'hôtel monumental, assourdie de gazouillis anglais et de baragouin allemand.

Rien que des Outre-Manche et des Outre-Rhin dans ce vaste hall qui se recommande de la gloire et des lauriers de Napoléon! Ajaccio, le berceau du géant d'Austerlitz et de Wagram, est envahi par ses bourreaux !

Ah ! cet odieux hôtel, bondé de Deutschs et d'Anglo-Saxons et tenu par un Suisse! Ce n'est pas là que nous retrouverons les mânes de l'Empereur! mais dans la vieille ville génoise, dans les rues étroites et, disons-le, malpropres qui se croisent et se groupent autour de la citadelle, rues dallées comme celles de Vinti-

mille, aux hautes maisons, aux
fenêtres pavoisées de lessives, à la
chaussée parfois enjambée par une
arche, voûte pittoresque et sombre
où s'encadrent ici le bleu du golfe,
plus loin le poudroiement lumineux
de quelque place ensoleillée ; assises
au coin des portes, les portes cintrées
et basses des échoppes arabes, des
femmes aux yeux sauvages y cherchent les poux d'une marmaille
grouillante ; des pêcheurs, aux mol-
lets ronds et bruns, passent, une
rame sur l'épaule, appuyant fièrement
leurs pieds nus sur les dalles ; des
châtaignes cuisent sur un poêle en
plein air, des coques velues d'oursins
s'entassent dans un angle, et des
jeunes gens déchargent d'une charrette des fagots odorants de myrte,
de lentisques et de genévriers, toute
l'âme du maquis cueillie dans la
montagne, et ce sont, baignées de
soleil et coupées de grands pans
d'ombre, les rues du Centre, du
Cardinal-Fesch, la rue Sébastiani et
la rue du Roi-de-Rome et la rue
Létizia.

La rue Létizia est la plus étroite ;

c'est dans son ombre moisie que
s'élève la maison Bonaparte, un
grand corps de logis à trois étages,
façade blanchie à la chaux, petites
fenêtres à persiennes vertes ; de l'autre côté de la rue, un petit jardin
bordé d'une grille et qui fut celui de
Lætitia Ramolino complète la demeure familiale ; une plaque de
marbre à inscription dorée complète
la gloire de la ruelle :

*Napoléon est né dans cette maison
le 15 août 1769.*

Le premier étage est seul ouvert
aux visiteurs ; un escalier de granit
à rampe de bronze y conduit. C'est,
dans la pénombre des persiennes
mi-closes, une succession de vastes
pièces encore meublées dans le style
raide du temps ; leur carrelage rouge,
leurs murs blanchis à la chaux et la
misère des sièges, aux étoffes déchi-
rées et déteintes, racontent encore
la gêne de Mme Lætitia, demeurée
veuve avec ses huit enfants ; la puissance et l'importance de la famille,
alliée aux Bonaparte de Florence et
à toute la noblesse corse, s'affirme

cependant à la grandeur des salles
de réception ; le salon des fêtes, en
galerie sur un patio, double les
vingt-six appliques de ses petits
miroirs italiens dans un parquet uni
comme une glace ; si les meubles du
salon de Mme Lætitia étonnent
comme un anachronisme par la pureté
de leur style Empire, ceux de la
chambre à coucher, d'un joli xviiie,
nous semblent bien authentiques.
Voici le bois de lit de la mère de
Napoléon, *Nabulione Buonaparte*,
le fauteuil dans lequel on la ramena
de l'église où, pendant la messe de
l'Assomption, elle fut prise des douleurs de l'enfantement. Puis, partout,
d'autres meubles où s'accrochent
les souvenirs : divans poussiéreux,
chaise à porteurs de Mme Bonaparte
Ramolino, et la seule épinette qui
existait à Ajaccio à l'époque. Le
cabinet de travail, la salle à manger,
les salons se succèdent en enfilade,
vastes pièces silencieuses, comme
embaumées dans leur ombre ; et les
chaises, du style austère d'alors, ont
l'air d'attendre en rang, contre les
murs, ceux qui ne reviendront plus:

les pas feutrés de la vieille Ajaccienne qui nous sert de cicerone
troublent seuls la paix figée des salles
obscures et muettes. Et pourtant que
d'ambitions s'agitèrent entre ces
murailles, que de rêves y battirent
de l'aile, et les destinées du monde
entier y furent contenues !

Dans l'angle d'une chambre, qu'on
dit être celle du sous-lieutenant
de Brienne, une trappe, celle par
laquelle, en 1793, Bonaparte, la
maison étant cernée, échappa aux
poursuites de Paoli, et, sur la cheminée de la chambre de Madame
mère, à côté de la couronne en lauriers d'or du premier Consul, une
ravissante crèche en ivoire, que
Bonaparte rapporta d'Égypte en
1790, souvenirs résumant presque la
carrière sentimentale du héros, sa
haine tenace et violente de l'Anglais,
ses premières victoires et son grand,
son inaltérable amour des siens,
symbolisés par la crèche d'ivoire et
les lauriers consulaires rapportés à
la maison natale et offerts à la mère !

Que d'opprimants et mélancoliques
souvenirs !

C'est peut-être cette grande ombre
planante sur Ajaccio qui tisse comme
un voile de tristesse atténuée sur la
neige de ses montagnes et le bleu
lumineux de son golfe !

La Corse, reconnaissante à Napoléon, lui a dressé partout des statues, emplissant ses places et ses
promenades d'effigies en marbre du
César : Cours Grandval, sur cette
place des Palmiers, ombreuse et
fraîche, ensoleillée et verte selon le
jour et l'heure, et dont les Ajacciens
sont si fiers, la statue en toge du
premier consul domine quatre lions
de granit, dont la gueule vomit l'eau
d'une fontaine ; sur l'esplanade du
Diamant, la place de la Concorde de
la ville, et dont toute la longueur
commande la mer, Napoléon s'érige
encore, cette fois César équestre,
escorté de ses quatre frères, Joseph,
Lucien, Louis et Jérôme, qui, de
leurs silhouettes de bronze, lui font
une garde d'honneur. C'est le grand
monument commémoratif d'Ajaccio,
et, sculptés dans la lumière, profilés
en noir sur l'azur méditerranéen, les
cinq Buonaparte regardent l'horizon

et semblent veiller en sentinelles sur la patrie corse ; l'œil darde vers l'Anglais qui viendra par la mer. Tout cela est bien de l'immortalité et de la gloire, mais nulle part pourtant je n'ai senti frémir la grande ombre envolée comme dans la petite maison et les pièces obscures de la rue Létizia.

Tous les jours, en revenant du Cazone, par les allées en lacet du Salario, la forêt d'oliviers dont le moutonnement argenté domine la ville, je les rencontrais, invariablement échouées sur un banc, prenant frileusement l'air du large et le soleil, les deux frêles Parisiennes, la mère et la fille, venues là, dans cet Ajaccio d'exil, pour la santé de l'une ou de l'autre, et s'ennuyant, oh combien ! dans ce monumental hôtel pour Anglais et Allemands.

Elles étaient débarquées ici, joyeuses, avec un entrain affairé de jolies femmes arrivant à Cannes ou à Nice, toutes ravies des cactus en fleurs, du panorama de la baie, du jardin et du luxe de l'hôtel, heureuses du climat et de la douceur atténuée des ciels ; mais elles en avaient décousu vite, dans le morne et pesant ennui de ce cosmopolite hôtel.

En pure perte, les robes du bon faiseur, arborées à chaque repas ! En pure perte, les batistes brodées de la fille et les manteaux de soirée de la mère, et la dorure de cheveux oxygénés de celle-ci, et les bandeaux aile de corbeau de celle-là ; pas un homme en smoking à table ; et tous ces braves Allemands, en costume de cheviote, tous ces rogues Anglais, en chemise de flanelle, n'avaient cure de ces deux poupées françaises, qui n'avaient ni appétit ni souliers plats ; car si les deux nouvelles venues découvraient, sous l'écume de dentelles des jupes, les plus fines chaussures et les plus capiteux bas de soie, elles ne faisaient guère honneur au menu de l'hôtel.

Réfugiées, comme nous, à une petite table, elles chipotaient tout du bout de la fourchette, disputant sans entrain quelque bouchée de viande au brouet roux des sauces, réduites à se rabattre sur les mandarines du dessert, sans avoir comme nous la ressource d'aller prendre un repas sur deux dans quelque hôtel de voyageurs de la ville ou quelque bar de matelots du port ; et j'avais fini par les prendre en pitié, ces deux Parisiennes d'exil, qui ne parlaient à personne, et qui, malades, et très atteintes peut-être, une fois retirées dans leur chambre, devaient tromper leur fringale avec des cédrats confits et des crottes de chocolat.

Elles avaient bien tenté quelques promenades en voiture, mais, elles aussi, avaient dû renoncer à toute excursion, cruellement averties par le froid ; impossible de s'aventurer en montagne sans sentir le manteau de glace tomber sur ses épaules ; et quand on tousse toutes ses matinées !... Elles en étaient donc réduites au Cazone, à la lente et classique promenade au soleil à la grotte de Napoléon, la caverne, presque de Lourdes, où Bonaparte adolescent allait s'isoler, à l'entrée du maquis, et rêver à sa destinée ; cette grotte où, pensif et mélancolique, attentif aux voix de la solitude, comme une autre Bernadette, il eut peut-être la vision de son avenir, cette grotte où en tout cas, il s'éprit et se passionna, en véritable insulaire, pour ce beau pays de Corse, dont le souvenir hanta toute sa vie, et dont le regret le poursuivra en exil, quand, dans le *Mémorial de Sainte-Hélène*, il écrira : « *La Corse avait mille charmes ; j'en détaillais les grands traits, la coupe hardie de sa structure physique... Tout y était meilleur ; il n'était pas jusqu'à l'odeur du sol même elle m'eût suffi pour la deviner les yeux fermés ; je ne l'ai retrouvée nulle part.* »

Mais, nous autres continentaux, les *pinçoute*, les pointus, comme nous appellent les Corses, non sans une légère nuance de mépris, l'odeur aromatique de l'île parfumée ne nous suffit pas ; l'ombre de Napoléon, si elle nous fait rêver, nous attriste, car l'Empire, c'était hier, et l'hier du commencement du siècle à côté d'aujourd'hui ! ! !

Donc, après leur promenade quotidienne au Cazone, la mère et la fille gagnaient, à petits pas, les allées du Salario, et une fois parvenues pas bien haut, à mi-côte, s'asseyaient sur un banc, et là, tristement, s'absorbaient en silence devant le golfe ensoleillé et l'horizon des montagnes du golfe.., décor italien d'un grand lac entouré de glaciers !

Fleurs d'exil oubliées devant un paysage nostalgique.

Si j'avais osé les aborder, leur parler, certes je les aurais engagées à me suivre un peu plus loin, dans le verger d'oliviers séculaires dont les feuilles luisantes frémissent dans la brise au-dessus des massifs trop soignés de l'hôtel ; là, dans un chaos d'énormes roches grises, parmi les lentisques et les fleurs d'arbousiers, chante entre les troncs contournés et rugueux tout un coin de Sicile... avec l'azur du golfe apparu dans les feuilles toutes criblées de lumière et pareilles à des minces, ah ! si minces médailles d'argent, c'est un décor de Théocrite, toute une page d'idylle évoquée :

> Viens, une flûte invisible
> Soupire au fond des vergers,
> La chanson la plus paisible,
> Est la chanson des bergers !

Mais comment persuader à ces inconnues de me suivre à travers les broussailles et les pierres du maquis!

J'y ai pourtant passé les meilleures heures de mon séjour en Corse, couché à l'ombre grise d'un olivier géant, dans la chaleur des herbes et l'odeur allégée des térébinthes ; mais ces deux Parisiennes étaient aussi trop délicatement chaussées, je leur eusse au moins fait massacrer là cinq ou six louis de bottines !

Et pourtant, parmi les roches grimaçantes du Salario, dans l'ombre argentée de ce vrai bois sacré, Ajaccio n'était plus l'exil ; j'y lisais, il est vrai, et avec délices, l'*Aventureuse*, de Mathilde Sérao, et de Léon Daudet les *Deux étreintes*, deux œuvres chaudes, vibrantes et passionnées, toutes frémissantes du soleil du Midi dans des cadres d'Italie et de Provence. Mais quel charme familier et quelle grâce antique avait aussi ce verger d'oliviers !

De vieilles aïeules, l'air de *stregga vecchia* sous leur faldetta noire, y ramassaient des olives tombées, tandis que, à mes pieds, la ville bourdonnait tout à coup d'une immense rumeur, les cris joyeux de la sortie des écoles, et que les neiges du

Monte d'Oro, soudain allumées dans un merveilleux jeu de lumière, m'annonçaient avec le crépuscule qu'il était l'heure de rentrer.

O mon large d'épaules, toi qui avais la taille dégagée, nul ne t'était comparable ; tu ressemblais à un rameau fleuri, ô Canino, cœur de ta sœur, ils t'ont privé de la vie.

A rien ne te servit l'arquebuse, à rien ne te servit le fusil, à rien ne te servit le poignard, ni le pistolet, ni l'oraison bénite.

Loups contre un agneau, ils se sont tous réunis et, quand ils arrivèrent dans la montagne, ils te coupèrent la gorge.

Au pays de Nazza je veux planter une épine noire, pour que de notre race nul ne passe désormais ; car ce ne furent ni un, ni trois, ni quatre, mais sept hommes contre un.

Au pied de ce châtaignier je veux établir mon lit, puisque ce fut là, mon frère qu'ils te tirèrent en pleine poitrine.

*Je veux quitter la jupe, je veux
m'armer du fusil, prendre le stylet,
ceindre la cartouchière, je veux porter le pistolet. O Canino, cœur de
ta sœur, je veux faire la vendetta.*

Et les guitares, sous l'effleure-
ment des doigts, grincent et se plaignent ; les voix se lamentent, gut-
turales et profondes, déjà entendues,
on dirait dans les cafés arabes du
Sahel ou dans les cabarets de la
Triana. Il y a de la mélopée du
muezzin dans la monotonie attristée
de cet appel qui se traîne, s'élève
tout à coup et retombe ; il y a de la
passion espagnole dans cette note
sourde et toujours tenue de l'accom-
pagnement de la guitare ; mais il y
a aussi quelque chose en plus,
comme une sauvagerie ardente et
sombre, une sauvagerie aux yeux de
braise, à la pâleur de cire, telles ces
étranges femmes en deuil journelle-
ment rencontrées au creux des sentes
ombragées de chênes verts des routes de Bastia et du Salario.

Ce soir, une famille de *pinçouti*,
de continentaux, m'a invité à venir
entendre des *lamento* et des *voceri*

corses chantés par des insulaires dans la langue du pays ; j'ai trouvé, en entrant chez les X.., trois guitaristes, dont l'un, dans la journée, est coiffeur de son état, et l'autre menuisier. Tous les trois sont assis sur des chaises au fond de la pièce, et c'est le *vocero* de *Canino*, un des plus célèbres de la littérature corse, dont se gargarisent en ce moment les chanteurs. Les râles et les plaintes étouffées des guitares les soutiennent ; ils chantent dans une espèce d'italien patoisé d'espagnol et d'arabe dont je ne saisis pas un traître mot, mais les voix sont graves et chaudes. Mme X.., mon hôtesse de ce soir, veut bien me traduire à mesure les paroles improvisées il y a quarante ans par la sœur du bandit Canino sur le cadavre même de l'assassiné.

Au *vocero* de Canino succède celui de *Fior di Spina*, Fleur d'Épine, *vocero* improvisé par une femme, en 1850, à l'occasion d'un instituteur tué par une jeune fille d'Ota, nommée Fleur d'Épine, qu'il avait séduite et refusé d'épouser.

Ce matin, sur la place d'Ota, ils

t'ont mis la couronne tissée d'or et d'argent une couronne selon ta personne après ce coup de pistolet qui dans la Corse résonne.

Tu avais le cœur d'un lion et le courage d'une tigresse quand elle allaite ses petits ; tu as étendu le bras avec le pistolet et sur sa tête tu l'as déchargé en disant : « Ainsi, infidèle, tu as préparé ta mort. »

Car l'amour n'est pas une plaisanterie en Corse : parole donnée, parole tenue. Ou le frère, le père et les cousins s'en mêlent, quand ce n'est pas la fiancée elle-même qui se fait justice ; ces *voceri* ne parlent que de meurtre et de mort ; ils exaltent le courage, l'énergie de l'être qui tue et, comme de l'huile sur le brasier, attisent la flamme et fomentent la vengeance.

Le *vocero* est l'âme même de la vendetta c'est la voix des voceratrices qui souffle la passion du sang dans le cœur des hommes, leur met le stylet à la main et déchaîne la haine et la guerre entre les familles et les villages, les villages parfois partagés en deux camps et s'obser-

vant d'un côté de la rue à l'autre,
les hommes embusqués aux fenêtres,
le fusil dans une main, le pistolet
dans l'autre, ce fusil et ce pistolet
qu'on trouve tous les matins exposés
en vente sur les quais d'Ajaccio, en
plein air, avec un bois de lit et une
chaise ! le propriétaire du tout
attendant acheteur ; le fusil, le pistolet, le bois de lit et la chaise, tout
le mobilier corse, le foyer et le
meurtre, la vengeance et l'amour !

Poussières de maquis ! il me semble en humer l'âpre et ranimante
odeur de genièvre et de lentisques.

*Allons, menez-moi à Tallafo, où
sont les bandits les plus fiers, Giac-
comini et Saon Lucia ; eux, ce sont
des guerriers et, avec eux en compagnie, je parcourrai les sentiers et
les bois.*

Je suis bien décidément dans le
pays de Colomba. Mme X..., dont
la patience est inlassable, veut bien
éclairer mon ignorance de précieux
renseignements sur les voceratrices...
La femme corse est naturellement
poète, il y a comme une sybille et
une prophétesse dans chaque pay-

sanne ; la douleur et la vue de la mort réveillent en elles le génie sybillin ; le *vocero* s'improvise sur le cadavre de l'homme mort de mort violente, c'est l'appel à la vengeance. Pour la mort naturelle, l'*improvisatione* s'appelle *lamento*.

Pour les *voceri* comme pour les *lamenti*, la famille et les amis se rassemblent au logis du défunt et se tiennent debout dans la plus grande pièce de la maison : le mort est étendu habillé sur un lit, la face découverte, des chandelles sont allumées tout autour. Sa veuve se tient à la tête et derrière elle toutes les femmes entourées des hommes. Chaque visiteur vient, embrasse le défunt, salue et prend place parmi l'assemblée, sans dire une parole. Silence et deuil.

Parents et amis une fois au grand complet, l'un d'eux s'avance et, s'adressant au mort, vante sa vie, son caractère et déplore sa fin ; c'est l'oraison funèbre antique dans toute sa grandeur naïve et touchante.

Pourquoi nous as-tu quittés ?

*Pourquoi ne veux-tu plus demeurer
avec nous ?*

L'adieu terminé, la voceratrice
s'avance. En grand deuil, encapu-
chonnée de la faldette noire, elle se
penche au-dessus du cadavre et tout
à coup, éclatant en sanglots, improvise avec de grands gestes une sorte
de complainte, empreinte à la fois
de douceur et de violence, de tristesse et de fureur : c'est un appel à
la haine et c'est un cri de désespoir.
Toutes les femmes reprennent les
dernières strophes en chœur en
poussant des ululements lugubres,
ce sont les « hou hou » de l'orfraie
et du vent dans le maquis. Parfois
la voceratrice s'arrête ; subitement
inspirée, une autre femme la remplace et continue le *vocero*. Le
vocero passe ainsi de bouche en
bouche, rythmé par les gémisse-
ments sinistres des voceratrices à
bout d'inspiration, et dans l'élan de
leur douleur, vraiment ivres et pos-
sédées, elles s'arrachent les cheveux,
déchirent leurs vêtements, se déchirent les joues avec leurs ongles et
mêlent leur imprécation farouche et
de larmes et de sang.

Au fond du salon des **X...**, les guitares se plaignent toujours ; c'est une *Serenata* que chantent maintenant les artistes corses, une ballade d'amour.

Si tu veux savoir combien je t'aime, tu es autant que ma poitrine, mon cœur et mon âme et, si j'entrais dans le paradis où sont les bienheureux et que tu n'y fusses pas, je m'en irais.

Nous avons manqué le 15 août et les fêtes de l'Assomption, qu'on célèbre ici sous le nom de Saint-Napoléon. Pour les Ajacciens demeurés fidèles à la mémoire de l'Ogre de Corse, le 15 août est demeuré l'anniversaire de la naissance de Bonaparte et la fête de l'Empereur ; des banquets bonapartistes, des toasts délirants d'enthousiasme exaltent toujours, en dépit des Républiques, la grande figure napoléonienne.

Pour Ajaccio, la statue équestre du premier Consul qui chevauche si fièrement sa monture de bronze, escorté de ses quatre frères Lucien, Jérôme, Louis et Joseph déshabillés à la romaine, commande toujours la montagne et la mer, et c'est moins une effigie qu'un spectre cher et tangible dont l'ombre, selon les heures, diminue et grandit sur la place du Diamant.

Oh! le geste du Napoléon de bronze pointant le doigt vers l'horizon et semblant encore défendre le golfe et le maquis à l'invasion anglaise!

Mais le 15 août nous étions encore à Nice, dans l'étouffement d'une journée d'orage, dont les brusques sautes de vent devaient démonter la mer. Le service des transports fait par la Compagnie Fraissinet est tel, en été, qu'on met dix-huit heures du port de Nice à celui d'Ajaccio. Une escale de trois heures à Calvi ou à l'Ile Rousse allonge une traversée déjà rendue pénible par les forts courants sous-marins qui tourbillonnent sur les côtes de Corse. *Cyrnos, indomptable et farouche, Cyrnos, inabordable aux vaisseaux pérégrins, car des gouffres assiègent ses promontoires, et l'entrée de ses golfes est hantée par des monstres, sentinelles jalouses commises à la garde des citrons et des fruits délicieux dont regorgent ses ravins.* Ainsi divague l'antiquité des conteurs et des philosophes sur cette Corse odorante de lentisques, de cystes et de térébinthes, maquis sauvage et parfumé où les Empereurs avaient installé le grenier de Rome. C'était la cité orientale de l'île qui fournissait alors les lourds chargements de céréales qui remontaient le Tibre, sur les larges bateaux plats d'Ostie ; et la Corse, aujourd'hui murée dans ses roches, faute d'un service régulier qui lui permette le débouché de ses produits, la Corse vouée à la pauvreté par l'incurie des gouvernants, approvisionnait alors cette gueule immense ouverte sur le monde : l'appétit de César. La Méditerranée est heureusement plus clémente sur la côte italienne que sur celle de France, et la flotte nourricière ne sombrait pas trop souvent, à en croire les annales.

Pour nous, ces dix-huit heures de traversée ont été dix-huit heures de roulis, de tangage et du plus atroce mal de mer, les hommes d'équipage eux-mêmes titubaient comme ivres, e personnel attaché au service des passagers était aussi malade que les

passagers, et je revois encore ce
pont des premières avec tous ces
corps gisant pêle-mêle dans un
désordre des plaids et des couvertu-
res et roulant avec le roulis sous
l'écume et les paquets de mer; nuit
d'équinoxe presque, tant la Méditerranée était folle et violente; et qui
le croirait aujourd'hui : le bleu d'un
ciel implacable brûle au-dessus
d'Ajaccio, la mer couleur d'étain en
fusion a le calme d'un lac d'Italie
et les montagnes évaporées de chaleur, devenue à l'horizon une brume
lumineuse, font aujourd'hui de la
ville de Napoléon un Bellagio de
songe et de torpeur, ou je ne sais
quel port de colonie invraisembla-
ble et lointaine ; mais ce calme n'est
qu'apparent, car le mistral souffle
encore au large et, une fois sorti de
la baie, ce sont les lourdes lames
courtes, d'un bleu vitreux strié
d'écume, qui nous secouaient si for-
midablement cette nuit et ce matin.

J'en ai encore le vertige dans la
tête, et derrière les lamelles de mes
persiennes closes qu'enflamme la
clarté blanche du dehors, je crois

voir monter et descendre, dans un abominable mouvement de montagnes russes, les roches de la côte, la houle et le bastingage du *Bocognano*, le premier rouleur de la Compagnie avec la *Ville-de-Bastia*.

Des fanfares, un bruit de foule m'arrachent du lit où je somnole ; je me précipite à la fenêtre, j'entr'ouvre les persiennes ; tout un peuple en fête se presse sur les trottoirs du Cours-Napoléon. A la terrasse de la caserne, en face, tout un flot d'artilleurs se bousculent, s'accoudent et cherchent à se faire place, avidement penchés sur la procession.

La Procession ! une procession comme on n'en voit plus sur le continent et que M. Combes ne se risquera pas à supprimer encore ici, car la population, enracinée dans ses coutumes et foncièrement latine et dévote, tient avant tout à ses manifestations religieuses, et celle-là a, en effet, un caractère tout particulier et bien local.

Précédé d'une fanfare, un long Christ de grandeur humaine apparaît et oscille au-dessus de la foule à

l'angle du Cours. Enluminé et peint
de plaies saignantes, il s'avance, érigé
très haut par un porteur en froc vio-
let ; des guirlandes de fleurs et des
banderoles violettes l'encadrent. Une
confrérie de pénitents violets l'escorte ; suivent des groupes de femmes en noir, encapuchonnées à la
mode corse, et des hommes en complet de velours ; puis un autre Christ
enguirlandé, lui, de banderoles et de
fleurs rouges, la confrérie qui l'entoure est vêtue de frocs écarlates, et
la procession continue, et un troisième Christ apparaît, tenu très haut
par un porteur et suivi d'une confrérie à ses couleurs, et voici un autre
Christ et un autre Christ encore dans
leur faste un peu barbare de banderoles et de fleurs artificielles. Les
cinq corps suppliciés dominent, tels
d'étranges mâts, la marée des têtes
nues et des capuchons ; c'est un défilé
de cinq grands Christs planant au-
dessus de confréries et d'une foule
recueillie et lente. Un concours de
peuple entoure une statuette de saint
portée sur les épaules d'un groupe
de brancardiers, c'est une figurine de

moine en robe de bure qui, une
palme à la main, semble bénir, debout sur un amas de rochers. Une
dizaine d'hommes — des gars mus-
clés aux yeux aigus et noirs dans des
faces de hâle — se disputent l'honneur de le porter, et aux fortes enco-
lures, aux cheveux drus et plantés
bas sur le front, j'en fais des mathu-
rins, des hommes de mer. Des vieux
chenus prêtent aussi leur épaule aux
brancards ; mais c'est surtout une
jeunesse ardente qui se dresse autour
de la statuette du saint ; et ces cinq
Christs oscillants, cette ferveur odorante autour d'une figure aux dimen-
sions d'idole imposent à ma mémoire
des souvenirs de pardon de Bretagne en même temps que de proces-
sions espagnoles croisées dans les
« calle » de Saragosse et de Valencia.

— « La procession de saint Roch,
le plus vénéré de nos saints, m'est-il
répondu par mon hôtelier, il y a
quatre ans que la procession n'avait
eu lieu. Nous avons ici deux églises
Saint-Roch, et chacune des paroisses
s'entêtait à ne pas céder à l'autre
l'honneur de promener le saint. Elles

sont enfin tombées d'accord et la
joie de cette foule lui vient de con-
templer enfin dans les rues son saint
qu'elle n'y avait pas vu depuis quatre ans. »

Saint Roch ! Sa légende m'en était
contée une heure plus tard sur la
place du Diamant par Michel Tavera,
un jeune Corse que je connus il y a
quelques années, à Paris, faisant une
littérature savoureuse et colorée
comme les montagnes et qui depuis
a abandonné la Capitale, préférant
aux odeurs de la rue du Bac l'atmosphère sauvage et parfumée du maquis.

— « Voyez-vous ces écueils là-bas,
de l'autre côté de la baie, en face. »

Mais le miroitement de la mer, le
halo lumineux de la côte noyaient le
point désigné dans une brume de
chaleur.

« Regardez bien au bas de ce promontoire, vous les verrez se dessi-
ner, ils sont sept, ce sont les *sette
navi*, les sept navires. Toute la
légende de saint Roch est là, ces sept
rochers affirment sa puissance. Sept
galères barbaresques, chargées d'in-

fidèles atteints de la peste, étaient entrées dans la baie; elles menaçaient de débarquer à Ajaccio, tout le pays était consterné, ces mécréants allaient y répandre leur mal. Saint Roch, imploré par les populations accourues des campagnes, s'avança jusqu'au bord de la mer. S'agenouillant et s'étant mis en prière il adjurait Notre-Seigneur le Christ d'entraver la marche des navires et de préserver l'île, et sur un geste du saint, les sept galères s'arrêtaient, devenues pierres pétrifiées, elles et leurs équipages, changées en sept écueils.

« Ce sont les sept récifs qui s'échelonnent à la file au pied de Chiavari, Ajaccio célèbre encore aujourd'hui le souvenir de ce miracle et de sa délivrance. »

Au fond de la baie, les neiges du Monte d'Oro, enflammées par l'adieu du soleil, étincelaient toutes roses au-dessus des forêts bleuâtres, les fanfares de la procession éclataient par intervalles dans le quartier de la Citadelle, les cinq Christs défilaient sur les anciens remparts.

La maison de Napoléon, c'est le pèlerinage tout indiqué du lendemain. Je l'ai déjà visitée, il y a trois ans, c'était pendant l'hiver et la longue enfilade des pièces du premier, le seul étage où soient admis les visiteurs, en prenait, derrière les persiennes closes, un lamentable aspect de détresse et d'abandon. Dans la chaleur de l'été l'impression sera peut-être tout autre.

C'est dans la petite rue étroite et fraîche en août, froide en janvier, la même maison provinciale à trois étages, façade blanche et volets verts. Elle se penche un peu en arrière sous sa toiture comme mal d'aplomb ou redressée d'orgueil. Derrière les volets, qu'entre-bâille à peine la gardienne, ce sont les mêmes pièces aux parquets légèrement disjoints, plafonds peints, à la mode italienne, d'attributs et de fleurs de facture un peu sèche, selon le goût du temps. Des sièges de l'époque de la Révolution, des cabinets de Florence incrustés de lapis et de marbre, des bergères Louis XVI, dont les coussins de velours perdent leur crin, en meublent la solitude et c'est le salon de famille, et c'est le cabinet de travail du père de Napoléon, la chambre à coucher de Mme Lætitia, le canapé sur lequel elle mit au monde le premier Consul ; car, prise pendant la grande messe des premières douleurs et rapportée en toute hâte de l'église, on n'eut même pas le temps de la mettre sur son lit, et c'est sur un canapé que Lætitia Bonaparte accoucha du grand Napoléon, le 15 août 1769, vers midi, comme finissait l'office de l'Assomption.

Comme il y a trois ans, la gardienne ouvre pieusement deux petites armoires dissimulées dans le mur, placées l'une au pied du lit de Mme Lætitia, l'autre à la tête. De la première elle tire avec précaution une crèche d'ivoire représentant la Sainte Famille dans l'étable de Bethléem ; le premier Consul la rapporta d'Égypte pour l'offrir à sa mère, c'est le gage de son culte filial. L'autre cachette recèle, posée sur un coussin de velours rouge, la couronne de lauriers du premier Consul. Elle est en or massif et c'est l'enthousiasme reconnaissant d'Ajaccio qui en a fait les frais par une souscription récente. L'emblème consulaire repose sous un globe de verre comme une vulgaire pendule ; les mains de l'Ajaccienne, qui la montre, n'en tremblent pas moins d'orgueil.

Nous reprenons notre promenade, et c'est au hasard des pièces fraîches et vides, comme embaumées de silence et de clair-obscur, la chaise à porteurs dans laquelle Mme Lætitia fut rapportée de l'église, la chambre de Napoléon Bonaparte avec la fameuse trappe par laquelle il échappa aux poursuites de Paoli, et enfin ce joli salon en galerie que j'avais tant aimé à mon premier voyage. Six fenêtres sur la rue, six autres sur une terrasse intérieure font de la pièce oblongue une étroite lanterne qu'éclairent encore des petites glaces à appliques posées entre chaque fenêtre. Un parquet luisant, deux cheminées à chaque bout de la galerie se faisant face, deux grandes glaces au-dessus et

tous les petits miroirs des appliques
donnent à ce petit salon de fête un
faux air de splendeur, et pourtant
quel misérable papier au mur et
quelles piteuses peintures au plafond ! Mais il est bien de son époque, ce salon des fêtes de la famille
Bonaparte et prépare déjà les magni-
ficences de Fontainebleau. Il est
raide, élégant et convenu, comme
l'Empire lui-même. La vieille Ajaccienne, qui nous en fait les honneurs,
nous fait remarquer la terrasse car-
relée qui borde le salon, Mme Lætitia l'avait fait aménager pour retenir
au logis *Nabulione* ; c'était le préau
où jouait l'Empereur enfant. Mme Lætitia avait dû prendre le parti de garder son fils auprès d'elle ; Nabulione, turbulent, batailleur et domi-
nateur, organisait avec les autres
gamins de son âge des guerres et
des embuscades de quartier qui finis-
saient toujours par des horions, des
bleus et même des effusions de sang.
Impérieux et volontaire, il se mettait
à la tête des petits Corses de sa rue,
préparait la victoire et faisait mor-
dre la poussière au parti adverse ;

le parti de Nabulione était toujours
vainqueur. Devant les plaintes des
voisins et des mères, Mme Lætitia
avait dû se décider à garder l'enfant
indiscipliné auprès d'elle.

Nabulione enfant s'exerçait déjà à
conquérir le monde... La vieille
Corse, qui me raconte cette légende
faite peut-être à plaisir, la débite
avec une joie évidente, toute sa
vieille face crevassée rayonne, a
comme un air de fête. Pour elle,
comme pour tout bon Ajaccien,
quand on parle de l'Empereur, c'est
toujours le 15 août, la Saint-Napoléon.

SOUS LES CHATAIGNIERS.

Le châtaignier, cet ancêtre.
MARCAGI.

La châtaigne, c'est le blé de la
Corse : elle nourrit tout le pays. Sa
farine remplace celle du froment ;
la frugalité et surtout la paresse du
paysan corse s'en accommodent.

Si le châtaignier met trente ans
avant de produire, à partir de cet
âge, il fournit d'année en année une
récolte certaine et de plus en plus
abondante. A mesure qu'il pousse ses
fortes ramures, la châtaigne se mul-
tiplie hérissée et verte, dans le clair-
obscur vernissé de ses feuilles. Le
châtaignier ne demande aucune culture. Pendant qu'il prolonge à fleur
de sol l'enchevêtrement de ses racines pareilles à des accouplements
monstrueux, et, telle une énorme
araignée végétale, étreint de tenta-
cules ligneux le granit du talus et la
pierraille de la sente, les luisantes

châtaignes pleuvent des branches hautes et, couché dans l'ombre, le Corse indolent regarde tomber les fruits, et, c'est le pain d'aujourd'hui, et c'est le pain de demain, et c'est le pain de l'été, et c'est le pain de l'hiver. Le petit champ de maïs qu'il cultive à ses moments perdus, derrière la masure paternelle, ajoute un bien faible apport à l'annuelle récolte. La châtaigne, c'est la manne de ce désert de cimes et de roches montagneuses ; que serait la Corse sans ses oasis de châtaigneraies nourricières !

Les châtaigneraies de la Corse ! Il faut voir leur moutonnement de verdure monter du fond des vallées à l'assaut de la montagne ! Elles en ascensionnent les pentes, en escaladent les hauteurs, cernent la crête, descendent dans le torrent et ne s'arrêtent à la zone déjà froide où commencent les hêtres, que pour dévaler précipitamment dans le creux des gorges et des ravins, où leur rondeur feuillue ondoie comme une mer... Dans leur ombre fraîche sourdent et jasent des sources ; l'eau froide et bleue, fille des neiges éternelles,

court entre leurs troncs crevassés et
chenus. Elles se rencontrent à mi-
flanc de la montagne, attirées l'une
vers l'autre, la source descend des
hauteurs, la châtaigneraie monte de
la vallée, et de leur rencontre naît
le village Corse... Le village Corse
et ses vieilles maisons grises tout en
hauteur et pareilles de loin à quelque
chantier de pierres à l'abandon. Per-
cées d'étroites fenêtres, presque des
meurtrières, elles se dressent à l'ombre
des châtaigniers et à l'ombre de la
montagne, déjà assez haut sur les
pentes..., dans quelque repli de ravin
dont une route en lacets contourne
les hautes roches. Échelonnés un
peu à l'aventure autour d'un clocher
isolé, comme les campaniles d'Italie,
les villages corses dominent toujours
la vallée et, contemplatifs en même
temps qu'instinctivement pratiques
puisque toujours à portée de l'eau
et de l'ombre, ils se posent invariablement devant un vaste horizon.
J'ai déjà dit que la sobriété et la
paresse du paysan corse trouvaient
leur compte dans la farine de châtaigne. D'une incroyable endurance,

foncièrement honnête et probe, frugal, sans besoins même, mais étonnamment fier et paresseux, le paysan corse, interrogé sur ses moyens d'existence, a une phrase mélancolique passée maintenant en proverbe : « Comment je vis ? répond-il au touriste, surpris d'un pays sans labour presque et sans culture. De pain de bois et de vin de pierre ! » *pane di legno e vino di petra.* Le pain de bois, la farine de châtaigne ; le vin de pierre, l'eau de rocher ; et certains voyageurs se sont apitoyés sur la tristesse de cette réponse.

Il y a eu là méprise ; la phrase est mélancolique, mais de la mélancolie du pays même ; elle en a la sauvage fierté. Le paysan corse aime sa pauvreté, il ne souffre pas de sa condition, il ne tiendrait qu'à lui de l'améliorer. S'il voulait cultiver la terre et lui faire rendre ce que l'extraordinaire richesse du sol donnait ici sous la domination romaine, il serait presque riche ; mais le paysan corse ne daigne pas. Travailler la terre lui semble indigne de lui, il laisse cette basse besogne aux Lucquois, et il

faut entendre avec quel mépris il
englobe sous le nom de Lucquois,
tous les tâcherons italiens débarqués
en Corse par les bateaux de Bastia-
Livourne, dont le labeur est la seule
animation du pays. Le paysan corse
chasse, court la montagne, pousse
devant lui quelques chèvres à travers
les roches, ou bien le long d'un rai-
dillon un âne chargé de bois. Vêtu
de velours noir et guêtré jusqu'aux
cuisses, il chevauche parfois un mu-
let ou un petit cheval corse, tandis
que sa femme, chargée d'énormes
paquets, une lourde cruche en équi-
libre sur la tête, chemine à pied à
côté de lui. Plus rarement encore, de
quatre et demie à huit heures, dans
la fraîcheur du matin, arrose-t-il le
maïs de son champ ou les quelques
légumes de son jardin ; mais la plupart du temps la pipe à la bouche, il
rêve, assis sur le petit parapet de
pierre sèche de la route, ou devise,
accoudé à la table d'un cabaret, avec
d'autres hommes vêtus de velours
comme lui et, dans la belle saison,
toutes ses journées il les passe dans
la châtaigneraie.

L'Arabe au pied du palmier, le Corse au pied du châtaignier.

O fresco. Au frais, à la fraîcheur ! Dès deux heures, au sortir de table, le paysan corse, par des sentiers pierreux et brûlés de soleil, gagne la belle ombre verte. Il retrouve là tous les autres hommes du village, les jeunes et les vieux. Couchés, vautrés au hasard des roches et des racines dans la clarté douce qui pleut des hautes branches, ils forment des groupes pittoresques, jouent à la mora, au loto ou ressassent entre eux des histoires de bandits. Quelques-uns font la sieste. Entre les énormes quartiers de granit, une eau hallucinante tant elle est transparente sanglote ou rit sur le velours des mousses ; parfois, un des joueurs se lève, va à la source et, se penchant, boit à même comme un animal. Ceux que le continent a déjà affinés font pour se coucher des lits de fougère, et la journée se passe *o fresco*, parmi le calme et le demi-jour, glauque dans les cimes feuillues, bleuté près des sources, de la châtaigneraie corse.

Dans le village, assez loin déjà, les femmes peinent et s'exténuent les unes sur les routes poudreuses, la tête chargée de pesants fardeaux, les autres aux soins du ménage ; les pourceaux noirs voguent en liberté par les rues, et autour du *forno di campana*, four des cloches, le four à cuire le pain, toujours situé au centre du village à côté du campanile, d'où son nom four des cloches (le four en plein air où tout village corse cuit son pain) — des pétrisseuses de pâte (car le paysan corse laisse aussi les femmes faire le boulanger) entassent les pains pour la fournée de la nuit.

La châtaigneraie corse et la belle fainéantise de ses paysans. Un ami Corse, m'en fait aujourd'hui les honneurs. Il m'introduit dans le cénacle de ces endurcis attardés, philosophes inconscients à la manière de Lucrèce, puisqu'ils font passer avant toutes choses la joie de vivre lentement les heures et de les sentir vivre. On m'a annoncé aux paysans d'Ucciani, et, comme ils ont tous lu, ou plutôt comme on leur a lu la veille un récent article consacré à Ajaccio et à la gloire de Napoléon, je suis plus qu'attendu. A ma venue, tous se lèvent, de fortes mains hâlées se tendent vers moi, on me fait place, je me trouve assis sur un lit de fougère, je suis environné de sourires à dents blanches et de larges prunelles étrangement limpides. Il y a dans les yeux corses, une ardeur et une violence contenues en même temps qu'une candeur si avide que, dans les premiers temps, ce regard animal et pourtant très beau me déconcertait et me troublait.

Nulle part je n'ai rencontré des yeux si sauvagement attentifs.

Si pourtant, en Kabylie, dans les hameaux arabes, en Kabylie aussi comme dans toute l'Algérie, la femme traitée en bête de somme est exténuée de maternité et de basses besognes, tandis que l'homme farniente et, drapé dans son burnous, s'absorbe en de longues contemplations.

Comme au hameau kabyle, ma venue a dérangé deux conteurs, deux Uccianais dont l'un de retour de

Toulon, où il y a un mois encore, il servait dans la flotte, et l'autre de Marseille, inscrit maritime frais débarqué d'un transatlantique, et tous deux auréolés du prestige des navigateurs. Escales et traversées, villes de mirage et grèves lointaines, j'ai coupé court aux récits merveilleux ; tous les yeux, toutes les bouches s'inquiètent fièvreusement de mon impression sur la Corse : « Quel beau pays, n'est-ce pas, mais combien méconnu ? Quelles forêts et quelles montagnes ! Et la baie d'Ajaccio, les calanques de Piana, et les grottes de Bonifacio ! » Tout Corse a l'orgueil de son île et veut vous en imposer l'admiration ; la sienne est enthousiaste, délirante, aveugle, et c'est encore le fanatisme arabe dont s'illuminent leurs yeux cyniques quand ils vantent leur pays.

— Et Bellacoscia, avez-vous vu Bellacoscia !

Bellacoscia, de son nom Antoine Bonelli, le fameux bandit qui, durant quarante-sept ans, tint le maquis et abattit, fin tireur d'hommes, vingt-cinq à trente gendarmes, est

une des gloires de la Corse. Après
Napoléon et Sampierro, je ne crois
pas que le paysan des montagnes ait
une vénération plus haute. Entre
Ajaccio et Corté, Antoine Bellacoscia est estimé et respecté comme un
héros. Ce tueur d'hommes a une
telle légende, il incarne aux yeux du
Corse l'esprit d'indépendance et cet
amour de la liberté que lui ont mis
au cœur des siècles de lutte et de
guerres perpétuelles contre le Génois
et le Maure. Perpétuellement me-
nacé dans son île par les galères
barbaresques ou les flottes de Gênes,
il a eu de tout temps la montagne
pour citadelle et le maquis pour
refuge, et le banditisme à ses yeux
d'instinctif prolonge dans les temps
modernes la grande figure de ses
héros d'embuscades et d'exil défen-
dant pied à pied la terre natale contre l'envahisseur. Les deux Bellacoscia, car ils étaient deux frères,
Antoine et Jacques, ont pris le
maquis pour ne pas obéir à la loi
militaire. Plutôt que de se laisser
enrôler comme soldats, ils ont gagné
la solitude des cimes et, pendant

près d'un demi-siècle, ont vécu en plein air, dormi à la belle étoile, gîté dans l'antre et bu au torrent, protégés et nourris, d'ailleurs, par toute la contrée complice, tour à tour sauvés et dénoncés par les paysans en admiration et en terreur aussi de ces fusils qui ne manquaient pas leur homme. Bellacoscia ! et, aux éclairs des prunelles ardentes, je vois combien ces âmes impulsives ont le culte sauvage de leur bandit légendaire et national. J'ai vu Bellacoscia, l'avant-veille même, à Bocognano où le vieux proscrit, gracié par le Président Carnot, passe ses journées assis sur une chaise, au seuil de sa porte, la pipe à la bouche et vêtu du traditionnel costume de velours noir.

Les cartes postales ont vulgarisé sa physionomie. Bellacoscia vieillit là, vénéré de tout le village, entouré de famille et fait même partie d'une confrérie de pénitents. Il a aujourd'hui soixante-dix-sept ans. J'ai bu et causé avec lui. C'est un grand vieillard tout blanc, à barbe de patriarche ; le visage émacié, aux

traits fins et creusés, a les tons jau-
nis d'un vieil ivoire, les yeux demeurés vifs ont dû être très beaux. Sous
le large feutre noir, que porte ici le
paysan, c'est un peu la tête classique
d'un prophète biblique, Job ou Ezé-
chiel. Conversation illusoire ! Bellacoscia n'entend pas le français, et
quand la bande de jeunes gens qui,
en grande pompe, m'avaient présenté
à lui, lui rappelaient quelques-uns
des bons tours de sa vie d'autrefois
— l'histoire des cinq gendarmes abat-
tus l'un après l'autre comme cinq
poupées de tir, l'un atteint au genou,
l'autre à l'épaule, le troisième au
front, et *tutti quanti*, par le bandit
tranquillement couché derrière une
roche si fortement inclinée sur le sol
qu'on n'y pouvait soupçonner sa présence — et l'aventure du chat enveloppé dans une *pellone*, costume en
poil de chèvre, filé et tissé par les
femmes corses, qui fut longtemps le
vêtement des montagnards et qui
tend à disparaître de nos jours, et
jeté dans l'escalier à toute une compagnie de gendarmes en train d'en-
vahir sa maison ; les Pandores

croyant avoir affaire à Bellacoscia lui-même, déchargeant leurs armes sur le *pellone* et les deux frères tiraient alors à bout portant sur les assaillants — le vieux bandit se contentait de pencher de côté un long cou de vautour, et avec un clignement d'yeux à la fois malicieux et bonhomme. « Eh ! eh! eh ! » faisait-il de la voix chantante du paysan corse ; et c'était presque le sourire amusé et gourmand d'un ancien coureur de femmes, rajeuni au récit d'une de ses prouesses d'autrefois.

Ce sont les cent et un bons tours de Bellacoscia aux gendarmes que me ressasse, sous les châtaigniers, une fervente jeunesse.

Pour tous ces paysans, retour du continent ou toujours demeurés au village, à Ucciani comme à Bocognano, à Vivario comme à Corté, Antoine Bellacoscia vaut un roi. Des deux frères, c'était Jacques le bandit terrible, quelques atrocités lui sont reprochées à lui. Jacques Bellacoscia est mort au maquis, on ignore. . même l'emplacement de sa tombe, ses enfants seuls connaissent l'endroit où repose son corps. Antoine aussi le sait, Antoine, le survivant, mais Jacques Bellacoscia a fait jurer aux siens de ne jamais révéler la place. « Ils ne m'ont pas eu vivant ils ne m'auront pas mort ! » ont été ses dernières paroles, les siens ont respecté sa volonté, le maquis complice a gardé le secret.

Et de tous les racontars entendus dans la châtaigneraie, c'est la seule histoire dont je veux me souvenir. Mystérieuse et farouche, avec son allure de défi jeté au delà de la mort, elle me semble mieux que les coups de fusil et les embuscades, mieux que les meurtres et les traîtrises, entrer dans le cadre austère du paysage corse.

Et c'est dans le visage une fierté câline
Faite de grâce hellène et d'ardeur sarra-
[sine.

J. L.

« Il faut absolument que vous veniez au village un jour de fête. Vous verrez un peu nos paysans. Je vous les ai montrés sous la châtaigneraie. Il faut les voir au tir au coq, dans leurs chansons de cabarets, leurs danses, et puis il ne faut pas manquer la sortie de l'église. » Et comme j'objectais le fastidieux ennui du voyage dans le somnolent Decauville, qui fait le service de la Corse, et le trajet déjà tant de fois effectué de Vizzavona à Ajaccio. « Mais descendez donc à Bocognano en voiture, la route est superbe. A partir du col vous découvrez toute la vallée jusqu'au golfe. Je viendrai vous prendre dans mon break à Bocognano et vous conduirai par la grande route jusqu'à Ucciani. Vous connaîtrez enfin un peu le paysage. On ne voit rien sous ce tunnel du Monte d'Oro, toute la contrée vous échappe. Et puis vous surprendrez les villages au réveil et reverrez peut-être Bellacoscia sur le seuil de sa porte. » Ainsi parla mon ami, Michel Tavera, et je me laissai persuader.

La fête d'Ucciani tombait le sur-lendemain, la fête annuelle, la Saint-Antonin, le patron du pays : *Il Chianco*, le boiteux, comme l'invec-tivent dans une dévotion bien ita-lienne les Uccianais déçus par la sécheresse d'août ou les pluies de septembre, dont n'a pas su les pré-server leur saint.

Le matin de la Saint-Antonin, nous quittions donc Vizzavona.

C'était d'abord la montée au pas dans la clarté verte de la forêt de sapins, une forêt rajeunie par la nuit, dont les odeurs résineuses n'étouf-fent pas encore l'âme végétale des thyms et des menthes, puis c'était la forêt de hêtres et le friselis de sa verdure plus fraîche et enfin, comme

une vague, le grand souffle d'air pur
du col...

Et, dans une aridité de pierres
grises, cendreuses, tant elles sont
calcinées c'est, à mesure que l'on
descend les lacets de la route, en
amont l'énorme accablement, la
soleilleuse et morne solitude des
masses pelées du Monte d'Oro, en
aval le dévalement d'eaux vives et
de verdures de ravins ombreux ; le
maquis et les torrents nous escorte-
ront ainsi jusqu'aux châtaigniers de
Bocognano, tandis qu'à notre droite,
de l'autre côté de la vallée au ruis-
seau invisible, tant elle est profonde,
les crêtes déchiquetées de la montagne continueront à chevaucher sur
un ciel de chaleur... et, jusqu'à la
bande de brumes lumineuses, où le
doigt tendu de Tavera m'assigne la
place d'Ajaccio, ce sont dans un
poudroiement bleuâtre, douze lieues
de vallées, de sommets, de collines
et de gorges s'abaissant insensible-
ment vers la mer, un horizon d'une
vastitude et d'une tristesse infinies,
sous la torpeur de cette matinée
déjà chaude... Par moments, des

bouffées de fournaise nous brûlent,
tout le paysage est rempli de fumée...
des feux d'herbes ? Non ! Ce sont
des forêts entières qui flambent,
allumées par la malveillance des ber-
gers.

Depuis que l'incurie du gouvernement interdit en Corse le pâturage
du domaine de l'État, le paysan,
réduit au maquis, met tout simple-
ment le feu au bois confisqué et
pour faire place nette et pour y trouver au prochain printemps l'herbe
nécessaire à ses bêtes.

Nous atteignons Bocognano dans
une atmosphère d'incendie.

Maintenant, c'est la plaine.

L'étouffement s'est fait plus dense
et la route court poussiéreuse entre
des vallonnements moutonnés de
cystes et de lentisques et des plan-
tations de maïs ; les montagnes évaporées de chaleur ne sont plus
qu'une vibration lumineuse et quelle
solitude ! !

La tête sarrasine d'un paysan
corse, en velours marron et le fusil
en bandoulière, est la seule rencontre que nous fassions pendant quinze

kilomètres. Il mène paître ses chèvres armé comme pour une vendetta.

Un pont. Tavera m'en fait remarquer les proportions hardies.

Le pont d'Ucciani, il a cent ans.
Les Uccianais, jaloux de sa perfec-
tion, ne trouvèrent rien de mieux que
de noyer l'architecte. Une fois mort,
il ne doterait pas les autres pays de
chefs-d'œuvre pareils : le pont d'Ucciani est unique. Cette férocité n'indigne pas Tavera.

Et la route enfin remonte ; nous
escaladons des lacets dans une chaleur de brasier ; le maquis pétille de
soleil.

Dans une vigne apparaît le cube
blanc d'un tombeau. « Le village »,
me dit Tavera, le monument funèbre se trouve être celui de sa famille ;
sur les pentes d'un coteau de vigno-
bles éclate la blancheur d'autres
mausolées ; c'est bien le village. Le
Corse a l'orgueil de sa sépulture ;
l'entrée de tout hameau, de plaine
ou de montagne, se signale par une
ceinture de tombes. Nous avions
déjà trouvé cette voie Appienne le
long du golfe d'Ajaccio.

Mais des châtaigniers surgissent. Voici la gare… et, par un sentier de chèvres, qui est aussi celui des voitures, ascensionnent des groupes de paysans. Ce sont les costumes de velours noir des fêtes carillonnées et des beaux dimanches, des cavalcades de mulets, des paysannes dans leur éternelle robe de deuil, chevauchant à nu comme des hommes. Puis ce sont des chants et des guitares.

Ajaccio et les environs montent à l'assaut d'Ucciani gaiement.

Et parmi cette foule hâlée, aux yeux aigus et noirs, c'est la surprise d'adorables visages de blondes. La blonde Corse est particulièrement désirable. Nulle part je n'ai vu ces ors rouillés et nuancés de feuille morte dans les chevelures, nulle part ces yeux d'aigue-marine dans des faces mordorées et mûries par le soleil. La Corse blonde a la saveur d'un fruit.

Ce sont aussi des théories de femmes, la taille droite ou balancée sous d'énormes charges, des couples d'ânes et des cavaliers tenus en croupe par d'autres cavaliers sur des petits chevaux du pays.

Une débandade de pourceaux, des hottées d'enfants demi-nus, des jeunes filles groupées autour d'une fontaine, voici la rue.

Rongées d'années et de soleil, les maisons d'Ucciani sont couleur de tain ; une immense châtaigneraie les domine. Mises en valeur sur cette verdure fraîche, les maisons d'Ucciani dévalent en désordre à la rencontre du promeneur, suivies dans la vallée par l'ombre de la forêt.

Tout un groupe de joueurs nous désigne l'auberge. Des teneurs de loteries et des bonneteurs sont là, aguichant le montagnard, tous montés de la ville. Voici le clocher, carré et droit, isolé au milieu du village, tandis que l'église en contrebas se blottit au pied d'un talus. Déjà toute cette joie éparse nous dilate et nous rajeunit quand, tel un hurlement d'orfraie, s'élève et pleure une mélopée lugubre. Une immense plainte traîne, se lamente et glapit. C'est la troupe des pleureuses s'énervant autour d'un cadavre dans le ressassement des *voceri*. Il y a une morte dans le village.

Une femme y est décédée dans la nuit.

Toute la famille (tous les Corses sont parents entre eux), est là, derrière les volets clos de la maison, qui hurle et fait ripaille en veillant le corps. Le deuil a gagné le pays. Il n'y aura ni tir au coq, ni danses, ni réjouissances dans la rue, il y a une morte dans Ucciani. La fête se bornera à la grande messe et à la procession.

La grande messe. Impossible d'entrer dans l'église, la foule, tassée à ne pas y jeter une épingle, reflue, refoulée au dehors. Une vingtaine de femmes prient sous le portail, à genoux sur les marches. Au-dessus de leur foulard de soie, à peine distinguons-nous une marée de têtes encapuchonnées, et, dans le clair obscur du maître-autel piqué de cierges, les lentes allées et venues d'un clergé alourdi de chasubles d'or. Toutes les femmes ont soigneusement caché leurs cheveux, une ferveur adorante les courbe vers l'autel, des chants profonds traînent en psalmodies. C'est l'atmosphère d'un sanctuaire espagnol, mais les abords de l'église sont ceux d'un pardon de Bretagne.

Couchés, assis du côté de l'ombre, tous les hommes sont là, les garçons surtout, venus pour voir les filles à la sortie de la messe. Ils devisent entre eux sous le feutre à larges bords, en lourds souliers ferrés, le bâton à la main, et attendent patiemment le passage des femmes. Quelques-uns grattent des guitares. Le parapet de pierre, qui domine le ravin, a été respectueusement laissé aux vieillards. Toute une bande de vieux, très Bellacoscia d'aspect, y prennent le frais ; l'un d'eux a quatre-vingt-douze ans, et est père de douze enfants, il est là avec cinq de ses fils, dont le plus jeune a vingt ans et l'aîné soixante-six. C'est vous dire la verdeur corse. Fils il est vrai de différentes femmes. Cet étonnant générateur en a eu quatre. Je l'examine avec stupeur.

Et la foule s'écoule. On sort de

la messe. Passants et citadins remon-
tent au village, foule recueillie, gar-
dant encore, même dehors, le silence
religieux de l'église. « La population
ici est tellement croyante, si pas-
sionnée surtout ! me confie Tavera.
Croyez-vous qu'à la semaine sainte,
pendant qu'on lit l'Évangile de la
Passion, au passage des Juifs, lors-
que Ponce-Pilate se lave les mains
et livre Jésus à Caïphe, tous les
hommes poussent des hurlements,
soufflent dans des cornes de bœuf,
démolissent les bancs à coups de
bâton. Et c'est un vacarme de huées
et d'injures effroyables à l'adresse
des bourreaux du Christ. Des Espagnols ou plutôt des Arabes, avec tout
le fanatisme sensuel et démonstratif
des races africaines. » Décidément le
Corse est bien plus Arabe qu'Italien.

Nous déjeunons maintenant dans
une maison corse. Une vieille maison seigneuriale qui n'est pas sortie
de la famille depuis deux siècles.
Les Tavera l'habitent de père en fils,
les aïeux y sont morts, les petits-fils
y mourront, les Tavera de l'avenir
y sont encore à naître.

De vastes pièces, un peu basses de plafond, aux poutrelles apparentes, aux petites fenêtres s'ouvrant qui sur le village, qui sur la montagne, et où le service est fait par une lignée d'antiques serviteurs. Les domestiques y forment une famille à côté de celle des maîtres. La jolie fille qui nous sert à table est l'arrière-petite fille de la vieille bonne qui a élevé la mère de Michel Tavera. Elle est entrée à neuf ans dans la maison, elle ne l'a jamais quittée. Elle y a vécu, s'y est mariée, y a fait souche de vingt-cinq enfants et petits-enfants ; elle vit retirée, maintenant, dans la maison des Tavera à Ajaccio, servante-aïeule, verte et chenue encore sous la neige de ses quatre-vingt-six ans : soixante-dix-sept ans de service, autre temps, autres mœurs ! Il faut venir en Corse pour trouver encore de pareils spectacles. « C'est l'éloge des maîtres et des serviteurs », ne puis-je m'empêcher de faire remarquer.

Un dernier trait qui fixera les mœurs patriarcales de la race.

Dans l'immense cuisine, que cinq

marches séparent de la salle à manger, il y a aujourd'hui vingt personnes à table, les fils, les filles et petits-enfants de la servante-aïeule, venus tous d'Ajaccio, célébrer la fête du pays. Les Tavera les traitent magnifiquement et leur servent le même repas que nous mangeons à la salle. Il y a là des marins de la Compagnie Fraissinet, un berger, un forgeron, un maçon même, tous les corps de métier.

Tous ces braves gens ont quitté Ajaccio à une heure du matin, empilés sur une charrette à un cheval que leur prête le maître, toute la nuit ils ont marché au pas sur les routes en chantant : ils sont arrivés à l'aube au village. Ils repartiront au crépuscule.

Par les fenêtres ouvertes, derrière les persiennes closes, les *voceri* des pleureuses, le lamentable chant funèbre de la morte, pénètrent avec des senteurs de myrte et du soleil.

Nous sortions de la Renaissance, mon ami Cantarelli et moi. Orso Cantarelli est un Corse d'Ajaccio plus qu'aménagé par dix ans de séjour parisien et aussi répandu dans la politique que dans la littérature ; le succès de *l'Adversaire* se reflétait dans ses yeux, la solidarité corse atteint à l'intensité et à la force d'une franc-maçonnerie, et ce soir-là, tout vibrant encore de la scène finale entre Guitry et Brandès, Orso Cantarelli triomphait dans Emmanuel Arène. J'éprouvai le désir de doucher cet enthousiasme.

— Ah ! ces Corses, lui disais-je en l'installant devant une douzaine de natives, quels admirables conquérants, nés pour l'intrigue et l'aventure, et quels dons de séduction ! Ce sont les derniers conquistadors ou condottieri. Voyez, ce siècle appartient à la Corse : Napoléon a conquis l'Europe et Emmanuel Arène vient de dompter Paris. Et forçant sur l'ironie pour exaspérer le légendaire orgueil de la race : D'abord vous êtes un pays de bandits.

Cantarelli haussa les épaules.

— Vous croyez encore que nous avons gardé le culte des bandits ? Quel littérateur vous faites ! Le succès d'Arène vous gêne, il vous gênerait échu à n'importe qui, mais vraiment vous avez perdu votre temps, les deux mois passés, cet été en Corse, et vous croyez encore à notre enthousiasme pour ces malheureux proscrits. C'est une pitié et un bluff. Écoutez-moi, je suis bon prince :

« Nos bandits ! Vous avez, comme tous les continentaux, donné dans le piège du décor. Les bandits ! C'est le cadre de montagnes et de forêts qui les idéalise, la distance aussi, car ils sont si loin de vous par la race et les habitudes ! La plupart enfin bénéficient à vos yeux du recul du temps. Morts ou retirés dans les petits villages du cœur de la Corse, ils vous apparaissent, dans les récits des paysans, comme des héros de la

légende ; ce sont les princes lointains
du maquis. Si l'on vous en montre
un patriarche comme Antoine Bellacoscia, nimbé de cheveux blancs,
de petits-enfants et de souvenirs, et,
grangrené de romantisme comme
vous l'êtes, vous le prenez pour un
personnage dela Bible. » Et Orso Cantarelli m'enveloppait de la raillerie
de ses yeux clairs ; puis, tout en
tirant une bouffée de fumée d'un
gros cigare de son pays :

« Il faut donc en découdre de vos
enthousiasmes, cher ami, et surtout
ne pas propager cette opinion, que
nous avons tous l'admiration de nos
bandits. C'est avec ces histoires-là
que vous nous faites la réputation
de sauvages, et notre île finit par
passer pour un repaire. Je sais bien
que ce banditisme avéré nous vaut,
l'hiver, la clientèle d'Allemandes
sentimentales et de vieilles misses
anglaises, mais croyez que nous pré-
férerions de beaucoup des hiverneurs
français ; mais tous se cantonnent
dans la Riviera. Hors Nice, Cannes
et Monte-Carlo, pas de salut pour
un Parisien ! Mais revenons à nos

bandits, quelques-uns sont de véritables sacripants ; je vous en fais juge :

« En 1889, un nommé Rochini gagne le maquis et le tient pendant quinze ans, terrorisant tout le pays, de Propriano à Sartène ; savez-vous ce qu'avait fait Rochini ? Amoureux d'une paysanne de son village et repoussé par elle (la fille avait un fiancé) Rochini déclarait à la malheureuse qu'il les tuerait, elle et l'homme de son choix, si elle ne consentait pas à le suivre et à l'épouser. La fille, en vraie Corse qui n'a qu'une parole, riait au nez de Rochini. Celui-ci allait l'attendre à la fontaine — la fontaine où tout le village corse se rencontre, s'aborde et s'entretient — s'arrangeait pour l'y trouver seule, la mettait encore une fois en demeure de choisir entre lui et son fiancé et, sur son refus, l'étourdissait d'un coup de crosse de fusil et lui coupait les seins. Deux jours après, le fiancé de la misérable fille recevait deux balles dans la tête. Un Apache de Belleville n'eût pas fait mieux. Là-dessus Rochini prenait le maquis et

le tenait pendant quinze ans. Voilà !
Ne trouvez-vous pas un tel personnage bien intéressant ?

« D'ailleurs il ne faut pas croire
que le village et la montagne tiennent en grande estime leurs bandits.
Ils les subissent, terrorisés par
les représailles toujours menaçantes
de ces « outlaws ». Le paysan corse
déteste le gendarme, mais a encore
plus peur du bandit. Une fois qu'il
a gagné le maquis, le bandit s'érige
de lui-même en espèce de *persona
sacra*. En même temps qu'il s'arroge
le droit de tirer au jugé et au visé
sur tout porteur d'uniforme, il pré-
lève la dîme sur le paysan, il s'ins-
talle à son foyer, s'assied à sa table,
réclame le souper et le gîte et, quel-
quefois, la femme de son hôte. Avec
cela, horriblement méfiant (car ses
méfaits ont mis sa tête à prix et dans
ce pays pauvre, la prime toujours
assez forte peut tenter les conscien-
ces) le bandit, toujours sur l'œil,
craint l'embuscade, la surprise et la
trahison ; il entre chez le paysan en
le mettant en joue et exige, à l'heure
des repas, que son hôte goûte avant

lui de tous les plats. Cette complicité, supportée comme un joug,
amène fatalement de brusques révoltes ; en tuant ou en livrant le bandit, le paysan alors se venge des
vexations subies, et c'est la mort de
Feretti, le bandit de Propriano.

« Poursuivi par les gendarmes, il
s'était réfugié chez un sien parent,
lequel habitait une masure assez isolée dans la montagne. Il s'y était
installé comme chez lui, y commandait en maître, mettant la main au
plat et même aux corsages des filles.
Il avait fait de celle de son hôte, sa
maîtresse, le père, dompté par la
terreur, n'osait rien contre le mécréant. Feretti plein d'une juste méfiance
pour l'homme qu'il terrorisait, lui
faisait manger, avant et devant lui,
de tous les plats qui lui étaient servis. Le paysan eut une idée géniale
il trouva le moyen d'introduire de la
strychnine dans des figues fraîches,
il en avait délicatement coupé la
queue. Les fruits empoisonnés
furent mêlés à d'autres, intacts :
« Mange », faisait Peretti à son
parent. Le paysan s'exécutait. Il

reconnaissait les figues. Rassuré, le bandit puisait à l'assiette. A la quatrième figue il tombait foudroyé ; le paysan s'était délivré de son oppresseur.

« Parfois, c'est l'appât du gain qui décide de la mort du bandit. La prime a tenté le paysan, et dans ce cas-là, c'est presque toujours un parent du bandit ou un de ses guides qui fait le coup, car le bandit ne marche que précédé ou escorté d'un guide et, parfois, de plusieurs, qui font autour de lui un vrai service d'avant-garde. Ils explorent le pays, s'assurent de la sécurité du village où le proscrit doit passer, préparent son gîte et favorisent sa fuite en cas d'alerte. Comme les Chouans de Vendée, ils ont entre eux des signes d'eux seuls connus ; trois pierres posées sur le bord de la route, à l'entrée d'un village, préviennent le bandit de ne pas aller plus loin, le lieu n'est pas sûr pour lui ; telle ou telle entaille dans un tronc de châtaignier veut dire que les gendarmes vont passer par là et qu'il doit bifurquer au plus vite à droite ou à gau-

che pour ne pas tomher entre leurs
mains; et dans toute la contrée, l'ar-
bre et la roche deviennent complices pour protéger et sauver le bandit... Quand l'homme dont la tête
est mise à prix se dérobe, le paysan
qu'a tenté la prime s'avise quelque-
fois d'étranges supercheries; ce fut
le cas d'un des neveux de Jacques
Bellacoscia.

« Il rêvait depuis longtemps de
gagner la grosse somme. La mort de
son terrible oncle pouvait seule la
lui fournir; mais, outre que Jacques
Bellacoscia n'était pas facile à sur-
prendre, même par un des siens, ce
neveu intéressé redoutait les représailles de la famille. Antoine Bellacoscia n'était pas homme à laisser le
meurtre de son frère impuni, et puis,
tous les Bonelli auraient pris les
armes, c'était du coup tous les Bellacoscia dans le maquis.

« Ce madré neveu se décida pour
un bandit moins proche, un bandit
qui ne fût pas de la famille.

« Un nommé Capa tenait alors la
montagne entre Vivario et Vizzavona,
c'était un fin limier qui avait tou-

jours déjoué les marches et les contremarches de la maréchaussée et dont, chargée de méfaits, la tête était chèrement cotée. Le neveu de Bellacoscia se rabattit donc sur Capa, mais Capa n'était pas non plus homme à se laisser approcher et abattre comme un vulgaire gibier. Après trois mois de poursuites et d'embuscades, le malheureux coureur de prime devait renoncer à tuer le fameux bandit, mais il ne renonçait pas à la somme.

« Dans la légitime appréhension du fusil et des balles de Capa, il se décida à une substitution ; le tout était de se procurer un cadavre et de le fournir à la gendarmerie comme celui d'un bandit. Un malheureux mendiant porteur de saintes images, un vieux *pellegrine*, comme on les appelle ici, fut guetté et assassiné par le paysan dans un sentier de forêt. La Corse est infestée de ces vieux montreurs de saints, la plupart Italiens de naissance et qui, loqueteux et chenus, s'en vont de village en village faire baiser aux paysans la figure de cuivre ou d'étain

repoussé, qu'ils portent religieuse-
ment pendue à leur cou. Ceux-là
sont sans défense, sans famille aussi,
et leur meurtre est facile. Un car-
refour de forêt vit le crime. L'homme
abattu, l'assassin s'empressait de le
défigurer, il lui brûlait avec de la
poudre la barbe et le visage. Le cadavre ainsi rendu méconnaissable, le
chasseur de prime courait prévenir la
gendarmerie, l'amenait sur les lieux,
et lui faisait reconnaître le mort.

« — C'est Capa, je l'ai guetté,
suivi et puis je l'ai tué ! J'ai bien
visé, voyez plutôt, à la tête.

« La maréchaussée mystifiée donnait dans le piège, un procès-verbal
constatait la mort du fameux Capa,
le meurtrier touchait la prime et
vivrait encore heureux de *polenta*
de châtaigne en hiver et de *polenta*
de maïs en été, si Capa, furieux de
passer pour mort de son vivant, n'a-
vait réclamé.

« Il écrivit au préfet, au procureur
de la République, aux directeurs de
journaux même, pour démentir sa
mort et bien établir qu'il était en vie ;
il remua autour de la supercherie,

qui le rayait du nombre des Corses l'opinion publique et la presse. L'assassin du faux Capa était arrêté, une enquête était ouverte qui prouvait son crime, l'identité du pauvre *pellegrine* était retrouvée et le Corse amateur de primes passait en Cour d'assises et payait sa substitution de cadavre de sa tête.

« Il fut guillotiné à Bastia.

« L'affaire et la mort du fameux bandit Poli, sa rencontre et ses démêlés avec le préfet d'Ajaccio dans la forêt d'Aïtone, la victoria du préfet arrêtée avec son escorte officielle par Poli et ses guides, et les conditions du bandit imposées à l'officier ministériel couché en joue pendant tout l'entretien, toute cette aventure détachée, on dirait des *Brigands* d'Offenbach, a défrayé trop récemment l'opinion et la presse pour y revenir. Poli, véritable brigand bien plus que bandit, avait été trouver son oncle Lecca et essayé de le rançonner sous menace de mort.

« Reçu à coups de fusil par Lecca, Poli avait juré de se venger et, à quelque temps de là, en effet,

Lecca avait été trouvé tué. Poli avait alors gagné le maquis. Arrêté, puis condamné par la Cour de Bastia, il avait été expédié en Nouvelle-Calédonie. Il était parvenu à s'en échapper, s'était réfugié en Italie et, incarcéré à Rome comme anarchiste, y avait toujours caché son identité et son nom. En Corse, on le croyait mort.

« L'arrestation de ses deux frères, impliqués dans l'assassinat de Lecca et emprisonnés comme complices, le ramenait au pays. En apprenant que ses frères étaient compromis à cause de lui et par lui, Poli, bravant tous les périls, rentrait en Corse. Il y affirmait sa présence par des meurtres, des violences et des rapines, mettait le pays en coupe régléeet de brigandage en brigandage, d'audaces en audaces arrêtait la victoria du préfet et mettait ce dernier en demeure de faire acquitter ses frères, alors sur le banc des Assises de Bastia : « *Ils étaient innocents, lui seul était coupable et se faisait gloire de le proclamer.* » « Le préfet promettait tout ce qu'exigeait le bandit :

les frères de Poli sortirent acquittés des Assises, mais la nouvelle de la rentrée du meurtrier en Corse y avait ramené les fils de Lecca, l'oncle assassiné. Pour venger leur père les trois fils Lecca, l'un employé de chemin de fer sur le continent, l'autre sous-officier en Tunisie et le troisième établi à Bône, en Algérie, obtenaient des congés, se faisaient libres et, rentrés dans l'île, y gagnaient le maquis.

« Ils y organisaient la chasse au bandit. Poursuivi par ses cousins, traqué par les gendarmes, Poli était ramassé un matin en forêt, mort à son tour. Un de ses guides l'avait empoisonné pour toucher la prime.

« Pour une *vendetta corse*, en voilà une qui, à mon avis, vaut bien celle de *Colomba* et pourrait tenter un moderne Mérimée, et Poli a été tué, il y a six mois à peine.

« Les légendaires exploits des deux Bellacoscia deviennent bien pâles dans le recul du temps auprès du sang tiède et fraîchement versé de la querelle Lecca-Poli, et puis Antoine Bellacoscia a bien perdu de son prestige depuis que les autorités

de l'île l'ont classé *bandit décoratif*
dans les fêtes officielles ! Au dernier
voyage de M. Lockroy en Corse,
une administration trop zélée n'a-t-
elle pas eu l'idée de camper le vieux
Bellacoscia en costume de bandit
sur l'affreuse glacière en bêton qui
déshonore la station de Vizzavona,
et de grouper autour de lui une
vingtaine de vieux paysans guêtrés
de peaux et vêtus de velours noir,
toute une figuration de bandits de
circonstance qui, à la descente du
malheureux Lockroy du train, saluè-
rent d'une brusque fusillade Son
Excellence.

« Fusillade héroïque de la *Navar-
raise* presque ! !

« M. Carré n'eût pas mieux fait.
Couleur locale et cabotinage.

« Le préfet d'alors avait servi des
bandits au ministre, les bandits se
sont revanchés des préfets dans Poli.

« Un mot de Bellacoscia pour
finir, du vieil Antoine Bellacoscia,
de celui-là même qu'ont un peu
démonétisé les cartolines et les fêtes
officielles. Il fleure une odeur sauvage de poudre et de maquis.

« On causait au village du nouvel uniforme des gendarmes, Bellacoscia était présent et, comme on consultait son avis, le vieil homme, clignant de l'œil sur la grenade de cuivre doré, qui met un point brillant au-dessus de la visière du skaho d'aujourd'hui : *Che bella mira!* se contentait-il de dire! *Quel beau point de mire!* et dans sa voix tremblait comme un regret.

TABLE DES MATIÈRES

Mayenne, Imprimerie Ch. COLIN.